C000023552

Anton Tschechow

Der Kirschgarten

Komödie in vier Akten

Übersetzt von August Scholz

Anton Tschechow: Der Kirschgarten. Komödie in vier Akten

Übersetzt von August Scholz.

Erstdruck: 1903. Uraufführung: 30.1.1904 im Moskauer Künstlertheater.

Neuausgabe mit einer Biographie des Autors
Herausgegeben von Karl-Maria Guth
Berlin 2016

Umschlaggestaltung von Thomas Schultz-Overhage unter Verwendung
des Bildes: Jozsef Rippl-Ronai, Die Kirschblüte.

Gesetzt aus der Minion Pro, 11 pt

Die Sammlung Hofenberg erscheint im
Verlag der Contumax GmbH & Co. KG, Berlin
Herstellung: BoD – Books on Demand, Norderstedt

ISBN 978-3-8430-8249-5

Bibliografische Information der Deutschen Nationalbibliothek

Die Deutsche Nationalbibliothek verzeichnet diese Publikation in der
Deutschen Nationalbibliografie; detaillierte bibliografische Daten sind
im Internet über www.dnb.de abrufbar.

Personen

Ranewskaja, Ljubow Andrejewna, Gutsbesitzerin.

Anja, ihre Tochter, 17 Jahre alt.

Warja, ihre Pflegetochter, 22 Jahre alt.

Gajew, Leonid Andrejewitsch, ihr Bruder.

Lopachin, Jermolaj Alexejewitsch, Kaufmann.

Trofimow, Peter Ssergejewitsch, Student.

Ssimeon-Pischtschik, Boris Borissowitsch, Gutsbesitzer.

Scharlotta Iwanowna, Gouvernante.

Epichodow, Ssemjon Pantelejewitsch, Buchhalter.

Dunjascha, Stubenmädchen.

Firs, ein alter Lakai, 87 Jahre alt.

Jascha, ein junger Lakai.

Ein Landstreicher.

Der Stationsvorsteher.

Der Posthalter.

Gäste, Musikanten, Dienerschaft.

Ort der Handlung: Das Gut der Ranewskaja.

Erster Aufzug

Das »Kinderzimmer«, nach seiner einstmaligen Bestimmung noch immer so benannt. Eine der Türen führt nach Anjas Zimmer. Morgendämmerung, kurz vor Sonnenaufgang. Monat Mai, die Bäume blühen, im Garten ist es jedoch kühl, der Morgenwind weht. Die Fensterläden sind noch geschlossen, der junge Tag schimmert durch die Spalten. Dunjascha kommt mit einem Licht und Lopachin mit einem Buch in der Hand.

LOPACHIN. Der Zug ist da, Gott sei Dank! Wie spät ist's denn?

DUNJASCHA. Bald zwei. *Löscht das Licht aus.* Es ist schon hell draußen.

LOPACHIN. Wieder einmal Verspätung. Wenigstens um zwei Stunden. *Gähnt und reckt die Glieder.* Ich bin auch ein rechter Tölpel. Komme her, um sie auf dem Bahnhofe zu empfangen und verschlafe die Zeit. Im Sitzen bin ich eingeschlafen. Zu ärgerlich. Du hättest mich doch wecken sollen!

DUNJASCHA *Öffnet die Fensterläden.* Ich dachte, sie seien längst fort. *Horcht.* Da – ich glaube, sie kommen schon.

LOPACHIN *horcht.* Nein ... Ehe sie das Gepäck besorgt haben, und dies und das, vergeht eine ganze Weile. *Pause.* Fünf Jahre hat sie nun im Auslande zugebracht, unsere Ljubow Andrejewna – ob sie sich sehr verändert hat? Eine prächtige Frau, so umgänglich, so einfach. Ich erinnere mich noch einer Geschichte aus meiner Jugendzeit, wie ich so fünfzehn Jahre alt war. Ich hatte von meinem Vater selig eine Ohrfeige bekommen, daß mir die Nase blutete – war wohl nicht ganz nüchtern gewesen, mein Alter. Er hatte hier im Dorfe einen Kramladen, und wir waren geschäftlich auf dem Gutshofe. Na, kurz und gut, Ljubow Andrejewna, die damals noch ganz jung war, ganz schlank und schmächtig, nahm mich bei der Hand und führte mich hier in dieses Kinderzimmer, ans Waschbecken. »Weine nicht, kleiner Bauernjunge,« sagte sie, »bis du Hochzeit machst, ist's wieder gut.« *Pause.* Bauernjunge, ja ... Mein Vater war ein Bauer, und ich trage eine weiße Weste und gelbe Schuhe. Eine Krähe, die sich mit fremden Federn schmückt ... Geld hab ich wie Heu, aber wenn ich's recht bedenke, bin ich doch ein richtiger Bauer geblieben.

Blättert in dem Buche. Da lese ich nun, lese und versteh' nichts ...
Eingeschlafen bin ich über dem Buche. *Pause.*

DUNJASCHA. Die Hunde haben die ganze Nacht gebellt – die witterten wohl, daß die Herrschaft kommt.

LOPACHIN. Was ist denn mit dir, Dunjascha?

DUNJASCHA. Meine Hände zittern so ... ich glaube, ich fall' in Ohnmacht ...

LOPACHIN. Hast dich schon gar zu sehr ... kleidest dich wie ein Fräulein, und auch die Frisur ... Das schickt sich nicht, man darf nie vergessen, wer man ist.

Epichodow tritt ein, mit einem Blumenstrauß, er trägt ein Jakett und blitzblanke hohe Stiefel, die beim Auftreten laut knarren; läßt beim Eintreten den Blumenstrauß fallen.

EPICHODOW. *hebt den Blumenstrauß auf.* Der Gärtner schickt das Bukett, nach dem Eßzimmer soll's kommen. *Gibt den Strauß an Dunjascha.*

LOPACHIN *zu Dunjascha.* Bring mir ein Glas Sauerbier mit.

DUNJASCHA. Sehr gern. *Ab.*

EPICHODOW. 's ist mächtig kalt draußen, drei Grad Frost! Und die Kirschen sind gerade in der Blüte! Kann mich nicht erwärmen für unser Klima. *Seufzt.* Nee doch! 's ist nicht viel los damit ... Sagen Sie mal, bitte, Jermolaj Alexeïtsch, ich hab mir vorgestern ein Paar Stiefel gekauft, und die knarren so eklig – womit könnt' ich sie wohl einschmieren? Raten Sie mir!

LOPACHIN. Bleib mir vom Leibe mit deinem Geschwätz.

EPICHODOW. Jeden Tag muß mir auch was passieren. Aber ich mach' mir nichts draus, hab mich dran gewöhnt und lach' einfach drüber.

Dunjascha tritt ein und reicht Lopachin das Bier.

EPICHODOW. Ich geh' nun. *Stößt an einen Stuhl an, der hinfällt.* Da. ... *Triumphierend.* Hab' ich's nicht gesagt? Einfach nicht zu glauben ... Merkwürdig geradezu ... entschuldigen Sie den harten Ausdruck! *Ab.*

DUNJASCHA. Ich kann's Ihnen ja sagen, Jermolaj Alexeïtsch: Epichodow hat mir einen Antrag gemacht ...

LOPACHIN. Ah!

DUNJASCHA. Ja, und ich weiß nur nicht ... er ist so weit ganz brav, aber er red't so komisches Zeug zusammen, daß man ihn manchmal gar nicht versteht. Sonst gefällt er mir ganz gut. Er liebt mich wahnsinnig. Ein Pechvogel ist er ja, jeden Tag passiert ihm was. Wir nennen ihn alle nur den Unglücksraben ...

LOPACHIN *horcht.* Jetzt kommen sie, glaub' ich ...

DUNJASCHA. Ja, jetzt kommen sie! Was ist nur mit mir? Ganz eiskalt bin ich ...

LOPACHIN. Jetzt kommen sie wirklich. Wir wollen ihnen entgegengehen. Ob sie mich erkennt? Fünf Jahre haben wir uns nicht gesehen ...

DUNJASCHA *erregt.* Ich fall' gleich hin – ach, ich falle!

Man hört zwei Kutschen vorfahren. Lopachin und Dunjascha rasch ab. Die Bühne bleibt einen Augenblick leer. Im anstoßenden Zimmer wird es laut. Der alte Lakai Firs, der seine Herrin vom Bahnhof abgeholt hat, humpelt in seiner altmodischen Livree, den hohen Hut auf dem Kopfe, hastig an einem Stock über die Bühne; er murmelt etwas Unverständliches vor sich hin. Hinter der Bühne wird es immer lauter. Man hört eine Stimme: »Hier durch, Herrschaften, hier durch!« Es erscheinen im Zimmer Ljubow Andrejewna, Anja und Scharlotta Iwanowna, die ein Hündchen an der Leine führt, alle drei im Reisekostüm. Dann Warja in Mantel und Kopftuch, Gajew, Ssimeonow-Pischtschik. Lopachin, Dunjascha mit Reisetasche und Schirm und andere Dienstboten; alle gehen durch das Kinderzimmer.

ANJA. Wir wollen hier durchgehen. Weißt du noch, Mama, was für ein Zimmer das ist?

LJUBOW ANDREJEWNA *in freudiger Rührung, unter Tränen.* Das Kinderzimmer!

WARJA. Wie kalt es ist, meine Hände sind ganz steif gefroren. *Zu Ljubow Andrejewna.* Ihre Zimmer, das weiße und das veilchenblaue, sind ganz unverändert geblieben.

LJUBOW ANDREJEWNA. Das Kinderzimmer, mein liebes, reizendes Zimmerchen ... Hier hab' ich als kleines Mädchen geschlafen ... *Küßt ihren Bruder, dann Warja, dann wieder ihren Bruder.* Und unsere Warja ist immer noch die Alte, wie eine Nonne. Auch Dunjascha hab ich erkannt ... *Küßt Dunjascha.*

GAJEW. Zwei Stunden Verspätung hat der Zug. Nette Zustände, wie?

SCHARLOTTA *zu Pischtschik*. Mein Hündchen ißt sogar Nüsse.

PISCHTSCHIK *erstaunt*. Was Sie sagen!

Alle ab, außer Anja und Dunjascha.

DUNJASCHA. Wir haben gewartet und gewartet ...

Nimmt Anja Mantel und Hut ab.

ANJA. Vier Nächte war ich unterwegs, ohne Schlaf ... Ganz erstarrt bin ich.

DUNJASCHA. Wie Sie damals wegfuhren, lag draußen Schnee, und so kalt war es! Mitten in der Fastenzeit war's. Und jetzt ... Ach, mein liebes Fräulein! *Lacht und küßt sie.* Wie hab' ich mich nach Ihnen gesehnt, mein Herzblättchen, mein Augentrost ... Ich hab' Ihnen was zu sagen ... ein Geheimnis ...

ANJA *müde* Kann's mir schon denken!

DUNJASCHA. Der Buchhalter Epichodow hat mir zu Ostern einen Antrag gemacht.

ANJA. Immer die alten Geschichten. *Streicht ihr Haar glatt.* Alle Haarnadeln hab' ich verloren. *Sie schwankt vor Müdigkeit.*

DUNJASCHA. Ich weiß nicht, was ich dazu sagen soll. Er liebt mich so sehr, so sehr.

ANJA *blickt nach der Tür ihres Zimmerchens, weich.* Mein Zimmer, meine Fenster! Als ob ich gar nicht weggewesen wäre! Ich bin zu Hause! Morgen früh steh' ich auf und lauf gleich in den Garten. Wenn ich nur einschlafen könnte! Ich war unterwegs in solcher Unruhe, nicht ein Auge konnt ich zumachen.

DUNJASCHA. Vorgestern ist auch Peter Ssergjeïtsch angekommen.

ANJA *freudig*. Petja!

DUNJASCHA. Er hat sich im Badehaus eingerichtet und schläft dort auch. Er will nicht lästig fallen, sagt er. *Sieht auf ihre Taschenuhr.* Ich müßte ihn eigentlich wecken, aber Fräulein Warja meinte, ich solle ihn nur schlafen lassen.

WARJA *kommt herein, mit einem Schlüsselbund an der Seite.* Dunjascha, Mama wünscht Kaffee ... mach rasch!

DUNJASCHA. Sofort, sofort. *Ab.*

WARJA. Nun, Gott sei Dank, mein Herzchen, da hätt' ich dich wieder. *Liebkost Anja.* Mein Schwesterchen! Es war wohl keine Kleinigkeit, die Mama wieder heimzubringen, wie?

ANJA. Die reine Qual war es. Und diese Scharlotta – während der ganzen Fahrt hat sie geschwatzt und ihre Faxen gemacht. Warum du mir die eigentlich aufgepackt hast? …

WARJA. Ich konnte dich doch nicht allein fahren lassen, Kind, mit deinen siebzehn Jahren!

ANJA. Wir kommen in Paris an – eine Kälte. Der Schnee lag noch auf den Dächern. Mein Französisch hat mich natürlich im Stich gelassen. Mama wohnt oben im fünften Stockwerk, und wie ich hinkomme, sitzt sie da unter lauter Franzosen, ein paar Damen sind bei ihr und ein alter Pater mit einem Gebetbuch, und vollgequalmt hatten sie – ganz abscheulich! Sie tat mir auf einmal so leid, die arme Mama, so leid, und ich umarmte sie und konnte sie gar nicht loslassen. Sie wurde so weich, so zärtlich, und begann zu weinen …

WARJA *unter Tränen.* Still, still, erzähl' nicht …

ANJA. Ihre Villa bei Mentone hatte sie schon verkauft, nichts ist ihr geblieben, nicht ein Pfennig. Auch ich bin ganz blank, kaum daß wir die Rückreise bezahlen konnten. Und dabei ist Mama ganz ahnungslos – wir sitzen auf dem Bahnhof und wollen etwas essen: natürlich bestellt sie gleich das Teuerste und gibt dem Kellner einen Rubel Trinkgeld. Auch Scharlotta wirft das Geld mit vollen Händen fort, und sogar Jascha läßt sich seine Portion geben – einfach schrecklich. Mama hält sich nämlich jetzt einen Lakaien, Jascha heißt er, wir haben ihn mit hergebracht …

WARJA. Ich habe den Halunken gesehen.

ANJA. Nun, wie steht es hier? Sind die Zinsen bezahlt?

WARJA. Bewahre!

ANJA. Mein Gott, mein Gott!

WARJA. Im August kommt das Gut unter den Hammer …

Lopachin sieht zur Tür herein, brummt etwas vor sich hin und zieht sich sogleich wieder zurück.

WARJA *unter Tränen, droht mit der Faust hinter Lopachin her.* Ich könnte den Menschen prügeln …

8

ANJA *umarmt Warja, leise.* Wie steht's? Hat er sich dir erklärt? *Warja schüttelt den Kopf.* Er liebt dich doch – warum sprecht ihr euch nicht aus, worauf wartet ihr?

WARJA Ich glaube nicht, daß aus der Sache was wird. Er hat nur das Geschäft im Kopfe und denkt gar nicht an mich. Mir soll's gleich sein. Ich will ihn überhaupt nicht mehr sehen. Alles schwatzt: Lopachin wird dich heiraten, alle gratulieren mir, und in Wirklichkeit liegt gar nichts vor, alles leere Einbildung. *Mit veränderter Stimme.* Was für eine Brosche hast du da? Was soll das sein? Eine Biene?

ANJA *traurig.* Mama hat sie mir gekauft. *Geht in ihr Zimmer. Mit kindlicher Fröhlichkeit.* In Paris bin ich im Luftballon gefahren!

WARJA. Nicht möglich ... Vor allem hab ich' dich wieder – mein liebes, schönes Kind!

Dunjascha ist mit der Kaffeemaschine zurückgekehrt und bereitet den Kaffee.

WARJA *steht an der Tür.* Ich geh' den ganzen Tag im Hause herum und simuliere: ob man nicht einen reichen Mann für dich suchen sollte? Dann wäre ich beruhigt und könnte ins Kloster gehen oder auf die Wallfahrt ... Nach Kiew würde ich pilgern, nach Moskau ... nach all den heiligen Orten ... Das wäre herrlich, immer so zu wandern, zu wandern!

ANJA Die Vögel singen im Garten. Wie spät ist's eigentlich?

WARJA Drei Uhr wird's sein. Es ist Zeit, daß du schlafen gehst, Herzchen. *Geht in Anjas Zimmer.* Herrlich wäre das! ...

JASCHA *tritt ein mit Plaid und Reisetasche. Geht über die Bühne, geziert.* Ist's gestattet, hier durchzugehen?

DUNJASCHA. Jascha! Beinah' hätt' ich Sie nicht wiedererkannt. Wie Sie sich im Ausland verändert haben!

JASCHA Hm, wer sind SIE denn?

DUNJASCHA Wie Sie hier wegreisten, war ich noch so klein. *Zeigt, wie klein sie war.* Ich bin doch die Dunjascha, die Tochter von Fjodor Kosojedow – erinnern Sie sich meiner nicht mehr?

JASCHA Hm ... Ein netter Käfer! *Sieht sich um und umarmt sie. Sie kreischt auf und läßt eine Untertasse fallen. Jascha entfernt sich rasch.*

WARJA *in der Tür, unwillig.* Was gibt's da?

DUNJASCHA *weinerlich.* Ich hab' eine Untertasse zerschlagen ...

WARJA. Scherben bedeuten Glück.

ANJA *tritt aus ihrem Zimmer.* Wir müssen Mama vorbereiten ... Petja ist da ...

WARJA. Ich hab' ihn absichtlich nicht wecken lassen.

ANJA *nachdenklich.* Sechs Jahre sind seit Papas Tode vergangen, und vier Wochen später ist mein Brüderchen Grischa im Flusse ertrunken – mit sieben Jahren, so ein liebes Kerlchen! Mama hat's nicht verwinden können – fort, fort, um jeden Preis! *Erschauernd.* Ich kann sie verstehen, wenn sie wüßte ... *Pause.* Petja Trofimow war Grischas Lehrer, sein Anblick würde die Erinnerung in ihr wecken ...

FIRS *in Rock und weißer Weste, tritt ein. Geht zu der Kaffeemaschine, wichtig.* Die Gnädigste wird hier den Kaffee einnehmen ... *Zieht weiße Handschuhe an.* Ist er fertig? *Streng zu Dunjascha.* Wo ist denn die Sahne? Du!

DUNJASCHA. Ach Gott, ja ... *Rasch ab.*

FIRS *macht sich an der Kaffeemaschine zu schaffen.* So eine Schlafmütze. *Brummt vor sich hin.* Aus Paris kommen sie ... Auch der gnädige Herr ist mal in Paris gewesen ... aber noch per Post ... *Lacht.*

WARJA. Was gibt's zu lachen, Firs?

FIRS *freudig erregt.* Wie? Meine Gnädigste ist angekommen! Daß ich das noch erlebt habe! Jetzt kann ich ruhig sterben. *Weint vor Freude.*

Ljubow Andrejewna, Lopachin, Gajew und Ssimeonow-Pischtschik treten ein, letzterer trägt ein ärmelloses Wams aus feinem Tuch und Pluderhosen. Gajew macht beim Eintreten mit Rumpf und Armen Bewegungen, als ob er Billard spielte.

LJUBOW ANDREJEWNA. Wie war das doch gleich? Wart' mal ... Den Gelben in die Ecke! Doublee in die Mitte!

GAJEW. Den Roten rechts in die Ecke! ... Hier in diesem Zimmer haben wir beide mal geschlafen, liebe Schwester – und jetzt bin ich ein alter Knabe von einundfünfzig. Ist das nicht drollig?

LOPACHIN. Ja, die Zeit vergeht.

GAJEW. Hä?

LOPACHIN. Ich sage, die Zeit vergeht.

GAJEW. Es riecht hier nach Patschuli.

ANJA. Ich geh' zu Bett. Gute Nacht, Mama. *Küßt die Mutter.*

LJUBOW ANDREJEWNA. Mein liebes, herziges Kindchen! *Küßt Anjas Hände.* Freust du dich, daß du zu Hause bist? Ich kann's noch immer nicht fassen.

ANJA. Gute Nacht, Onkel.

GAJEW. *Küßt ihr Wangen und Hände.* Gott schütze dich. Wie ähnlich du deiner Mutter bist! *Zu seiner Schwester.* Als du in ihrem Alter warst, Ljubow, hast du genau so ausgesehen.

Anja reicht Lopachin und Pischtschik die Hand, geht dann in ihr Zimmer und schließt die Tür hinter sich ab.

LJUBOW ANDREJEWNA. Sie ist ganz hin vor Müdigkeit.

PISCHTSCHIK. Kein Wunder, die lange Fahrt …

WARJA *zu Lopachin und Pischtschik.* Nun, meine Herren: Es ist gleich drei Uhr. Ich dächte, es ist Zeit …

LJUBOW ANDREJEWNA *lacht.* Du bist immer noch dieselbe, Warja. *Zieht sie an sich und küßt sie.* Ich trinke nur meinen Kaffee aus, dann brechen wir alle auf. *Firs legt ihr ein Kissen unter die Füße.* Ich danke dir, mein Lieber. Ich bin so gewöhnt an den Kaffee, Tag und Nacht trinke ich meinen Mokka. Vielen Dank, lieber Alter. *Küßt Firs.*

WARJA. Ich will rasch mal nach den Sachen sehen, ob auch alles mitgekommen ist … *Ab.*

LJUBOW ANDREJEWNA. Da sitz' ich nun … *lacht* und möcht' am liebsten herumspringen und in die Hände klatschen. *Bedeckt das Gesicht mit den Händen.* Wie im Traume bin ich! O Gott, wie ich die Heimat liebe! Wie ich sie zärtlich liebe! Ich konnte nicht aus dem Kupeefenster sehen, in einem fort mußt' ich weinen. *Unter Tränen.* Aber nun rasch den Kaffee getrunken. Vielen Dank, lieber Firs, vielen Dank, mein Alter. Wie freue ich mich, daß du noch lebst!

FIRS. Vorgestern, ja.

GAJEW. Er hört schlecht.

LOPACHIN. Ich muß jetzt gleich fort, mit dem Fünfuhrzug nach Charkow. Zu ärgerlich. Ich wollte mich so recht an Ihnen sattsehen und mit Ihnen plaudern. … Sie sehen noch genauso stattlich aus wie früher.

PISCHTSCHIK *schwer atmend.* Hübscher ist sie geworden. In dem Pariser Kostüm … Schwernot nochmal, ist das schneidig!

11

LOPACHIN. Ihr Bruder, Leonid Andreïtsch, nennt mich einen Knecht, eine Krämerseele, aber daraus mache ich mir nichts. Immer mag er reden, wenn Sie mir nur Ihr altes Vertrauen schenken und Ihre wunderbaren Augen, wie früher, auf mir ruhen lassen. Du lieber Gott, ja doch – mein Vater war mal Leibeigener Ihres Herrn Papas, Sie aber haben für mich einmal etwas getan, was ich nie vergessen habe. Ewig bleib' ich Ihnen dafür zugetan.

LJUBOW ANDREJEWNA. Nein, ich kann nicht so dasitzen ... *Springt auf und geht in lebhafter Erregung auf und ab.* Dieses Glück, diese Freude – ich überlebe sie nicht ... Ja, lacht nur über mich dumme Liese ... Mein liebes Spind ... *Küßt das Spind.* Mein altes, braves Tischchen ...

GAJEW. Die Kinderfrau ist während deiner Abwesenheit gestorben.

LJUBOW ANDREJEWNA *setzt sich und trinkt Kaffee.* Man hat es mir geschrieben. Gott habe sie selig!

GAJEW. Auch Anastassij ist tot. Der schieläugige Peter ist von mir weggezogen, er dient jetzt in der Stadt, beim Kommissar. *Nimmt eine Bonbonschachtel aus der Tasche und nascht daraus.*

PISCHTSCHIK. Meine Tochter Daschenjka läßt sich Ihnen empfehlen.

LOPACHIN. Ich habe eine angenehme Nachricht für Sie. *Sieht auf die Uhr.* Ich muß leider abfahren und muß mich ganz kurz fassen. Sie wissen, daß Ihr Kirschgarten unter den Hammer kommt. Am 22. August ist der Subhastationstermin. Machen Sie sich keine Sorgen darum, schlafen Sie ruhig und unbekümmert – es gibt einen Ausweg aus dieser Sache. Hören Sie mein Projekt. Ich bitte um Ihre Aufmerksamkeit! Ihr Gut liegt nur zwanzig Werst von der Stadt ab, und es hat direkte Bahnverbindung: wenn der Kirschgarten samt dem Terrain am Flusse parzelliert und mit Sommerhäuschen bebaut wird, können Sie sich ein Jahreseinkommen von mindestens 25.000 Rubeln sichern.

GAJEW. erlauben Sie mal, das ist doch der bare Unsinn.

LJUBOW ANDREJEWNA. Ich verstehe Sie nicht recht, Jermolaj Alexeïtsch.

LOPACHIN. Sie nehmen von den Sommerfrischlern, billig gerechnet, 25 Rubel Jahrespacht pro Hektar. Wenn Sie die Sache jetzt gleich in Angriff nehmen, dann gehe ich jede Wette ein, daß Sie bis zu Herbst nicht ein kahles Fleckchen übrig behalten, alles werden Sie los. Sie sind gerettet, mit einem Wort, man kann Ihnen gratulieren.

Natürlich muß hier gründlich Ordnung geschaffen werden, alle alten Bauten sind abzutragen, dieses Haus zum Beispiel, das zu nichts mehr taugt. Der alte Kirschgarten müßte abgeholzt werden …

LJUBOW ANDREJEWNA. Abgeholzt? Verzeihen Sie, mein Lieber, davon verstehen Sie nichts. Wenn es im ganzen Gouvernement etwas Interessantes und Sehenswertes gibt, dann ist es unser Kirschgarten.

LOPACHIN. Sehenswert ist an diesem Garten nur eins: daß er sehr groß ist. Die Kirschen geraten höchstens alle zwei Jahre, und Sie wissen nichts mit ihnen anzufangen, kein Mensch kauft sie.

GAJEW. Sogar im Konversationslexikon wird dieser Kirschgarten erwähnt.

LOPACHIN *sieht auf seine Uhr.* Wenn wir keine andere Lösung finden, wird am 22. August die ganze Besitzung mitsamt dem Kirschgarten an den Meistbietenden verkauft. Entschließen Sie sich also! Es gibt keinen anderen Ausweg, mein Wort darauf!

FIRS. Früher, vor vierzig, fünfzig Jahren, hat man die Kirschen getrocknet, gedünstet, eingemacht, ausgepreßt, und in manchen Jahren …

GAJEW. Halt den Mund, Firs.

FIRS In manchen Jahren gab es so viel getrocknete Kirschen, daß sie per Achse nach Moskau und Charkow verfrachtet wurden. Geld wie Heu gab's dafür! Und die getrockneten Kirschen waren damals weich und saftig, und so süß, und sie dufteten so … Man hatte ein bestimmtes Verfahren … ein Rezept …

LJUBOW ANDREJEWNA. Wo ist das hingekommen?

FIRS. Vergessen hat man's. Kein Mensch kennt es mehr.

PISCHTSCHIK *zu Ljubow Andrejewna.* Na, wie war's also in Paris? Haben Sie dort Frösche gegessen?

LJUBOW ANDREJEWNA. Nein, aber Krokodile.

PISCHTSCHIK. Was Sie sagen!

LOPACHIN. Bisher gab's auf dem Lande nur Gutsbesitzer und Bauern, jetzt aber strömen auch die Stadtleute heraus. Die kleinst Stadt hat jetzt so einen Kranz von Sommerhäuschen, und in zwanzig Jahren werden diese Sommerkolonien sich noch viel mehr entwickelt haben Jetzt trinkt der Städter nur erst den Tee auf der Veranda seines Häuschens, aber vielleicht kommt er bald auf den Gedanken, seinen Hektar regulär zu bewirtschaften: dann wird's hier in Ihrem Kirschgarten ein Wohlbehagen geben, ein Glück, ein fröhliches Treiben …

GAJEW *aufbrausend* Blödsinn!

Warja und Jascha treten ein.

WARJA. Zwei Telegramme sind übrigens für Sie angekommen, Mamachen. *Sucht an ihrem Bund und öffnet unter Schlüsselklirren einen alten Bücherschrank.* Da sind sie.

LJUBOW ANDREJEWNA. Aus Paris, natürlich. *Zerreißt die Telegramme, ohne sie gelesen zu haben.* Mit Paris sind wir fertig.

GAJEW. Weißt du auch, Ljuba, wie alt dieser Schrank ist? Vor acht Tagen zog ich zufällig die Schublade unten heraus und sah da eine Jahreszahl eingebrannt. Rund hundert Jahre ist das Möbel alt. Was sagst du dazu? Man hätte sein Jubiläum feiern können. Es handelt sich allerdings nur um einen leblosen Gegenstand, aber es ist doch immer ein Bücherschrank ...

PISCHTSCHIK *erstaunt.* Hundert Jahre ... was Sie sagen!

GAJEW. Ja, keine Kleinigkeit, solch ein Schrank ... *Betastet den Schrank.* Man sollte ihm noch nachträglich eine Festrede halten: Alter, braver. Ehrwürdiger Schrank! Freudig bewegt stehe ich vor dir, der du seit einem Jahrhundert den leuchtenden Idealen des Guten und Wahren gedient hast. Dein stummer Ruf zu fruchtbringender Arbeit hat in diesem Jahrhundert nicht an Wirkung verloren, er hat *weinerlich* durch all die Generationen in unserm Geschlecht den Glauben an eine bessere Zukunft bewahrt und die Ideale der sozialen Gerechtigkeit in uns lebendig erhalten. *Pause.*

LOPACHIN. Ja ...

LJUBOW ANDREJEWNA. Du bist noch immer der Alte, Leonid.

GAJEW *ein wenig verlegen.* Rechts vom Ball in die Ecke! Spiel' ihn auf'n Kopf!

LOPACHIN *sieht auf die Uhr.* Ich muß jetzt aufbrechen.

JASCHA *reicht Ljubow Andrejewna eine Arzneischachtel.* Vielleicht nehmen Sie jetzt eine Pille ...

PISCHTSCHIK. Nur keine Medizin, Verehrteste ... Das Zeug bringt weder Nutzen noch Schaden ... Geben Sie mal her, meine Gnädige! *Nimmt die Schachtel, schüttet die Pillen auf die flache Hand, tut sie in den Mund und trinkt einen Schluck Bier nach.* So!

LJUBOW ANDREJEWNA *erschrocken.* Sie sind wohl übergeschnappt!

PISCHTSCHIK. Alle Pillen hab' ich auf einmal genommen!

LOPACHIN. So ein Nimmersatt!

14

Alle lachen.

FIRS. Wie der Herr bei uns zum Ostermahl war, hat er ein halbes Fäßchen Gurken aufgegessen ... *Brummt leise für sich weiter.*

LJUBOW ANDREJEWNA. Was brummt er da?

WARJA. Seit drei Jahren hat er das so an sich. Wir haben uns daran gewöhnt.

JASCHA. Das machen die Jahre.

Scharlotta Iwanowna, im weißen Kleide, sehr eng geschnürt, eine Lorgnette am weißen Gürtel, geht über die Bühne.

LOPACHIN. Verzeihung, Scharlotta Iwanowna, ich habe Sie noch gar nicht recht begrüßt. *Will ihr die Hand küssen.*

SCHARLOTTA *entzieht ihm die Hand.* Nicht doch – wenn man Ihnen den Handkuß gestattet, wollen Sie auch gleich Ellbogen und Schulter küssen ...

LOPACHIN. Ich habe heute kein Glück. *Alle lachen.* Scharlotta Iwanowna, machen Sie uns doch mal ein Kunststück vor!

LJUBOW ANDREJEWNA. Ach ja, Scharlotta, lassen Sie was los!

SCHARLOTTA. Jetzt nicht, ich will zu Bett gehen. *Ab.*

LOPACHIN. In drei Wochen sehen wir uns wieder. *Küßt Ljubow Andrejewna die Hand.* Leben Sie wohl bis dahin. Ich muß eilen. *Zu Gajew.* Auf Wiedersehen. *Wechselt mit Pischtschik Küsse.* Auf Wiedersehen. *Reicht zuerst Warja, dann Firs und Jascha die Hand.* Die Abreise wird mir schwer. *Zu Ljubow Andrejewna.* Überlegen Sie sich die Sache mit der Parzellierung, und wenn Sie einen Entschluß gefaßt haben, lassen Sie mich's wissen. Fünfzigtausend Rubel könnt' ich gleich für den Plan flüssig machen. Überlegen Sie es sich reiflich!

WARJA. So gehen Sie doch endlich!

LOPACHIN. Ich geh' schon, ich gehe ... *Ab.*

GAJEW. Ein richtiger Knecht. Übrigens, Verzeihung ... Warja soll ihn ja heiraten, er ist ja ihr Auserwählter.

WARJA. Reden Sie keinen Unsinn, Onkelchen.

LJUBOW ANDREJEWNA. Warum nicht, Warja? Ich würde mich sehr freuen, er ist ein guter Mensch.

PISCHTSCHIK. Ja, das ist er wirklich ... ein ganz braver Bursche. Auch meine Daschenjka sagt das ... *Schnarcht, erwacht jedoch gleich wieder.* Sagen Sie mal, Verehrteste, könnten Sie mir nicht 240 Rubel borgen? Ich habe morgen Hypothekenzinsen zu zahlen ...

WARJA *erschrocken.* Es ist nichts da, gar nichts!

LJUBOW ANDREJEWNA. Ich habe wirklich kein Geld.

PISCHTSCHIK. So viel wird sich schon finden. *Lacht.* Ich verlier' niemals die Hoffnung. Dazumal dacht' ich auch schon, ich müßte kopfüber gehen, da wurde die Bahn über mein Gut geführt, und ich kriegte einen schönen Batzen Geld. So kann heut' oder morgen wieder was eintreten ... Daschenjka hat ein Lotterielos, sie kann das große Los gewinnen, zweimalhunderttausend ...

LJUBOW ANDREJEWNA. So, der Kaffee wäre getrunken, nun können wir schlafen gehen.

FIRS. *Bürstet an Gajew herum, in schulmeisterndem Tone.* Nun haben Sie wieder die falschen Beinkleider angezogen. Was soll ich schon mit Ihnen anfangen?

WARJA *leise.* S-st! Anja schläft! *Öffnet leise das Fenster.* Die Sonne ist aufgegangen, es ist gleich wärmer. Sehen Sie doch, Mamachen, diese herrlichen Bäume! Mein Gott, diese Luft! Wie lustig die Stare pfeifen!

GAJEW *öffnet das zweite Fenster.* Ganz weiß ist der Garten. Erinnerst du dich noch, Ljuba? Diese lange Allee hier läuft ganz geradeaus, wie ein gespanntes Seil, und bei Mondschein schimmert sie förmlich. Weißt du noch?

LJUBOW ANDREJEWNA *sieht durchs Fenster in den Garten.* O, meine Kindheit, meine unschuldvolle Kindheit! Hier in der Stube hab' ich geschlafen, von hier hab' ich in den Garten geschaut, jeden Morgen erwachte das Glück zugleich mit mir, und der Garten war ganz derselbe wie heute, nichts hat sich an ihm verändert. *Lacht vor Freude.* Ganz, ganz weiß ist er! Mein lieber, herrlicher Garten! Nach dem grämlichen Herbst und dem kalten Winter bist du wieder jung und voll Glück, die Engel im Himmel haben dich nicht verlassen. Ach, wenn doch jemand diese Last von meinen Schultern nähme, wenn ich doch die Vergangenheit vergessen könnte!

GAJEW. Ja – und der Garten wird nun subhastiert ... Merkwürdig!

LJUBOW ANDREJEWNA. Sieh doch, unsere Mutter geht dort durch den Garten ... im weißen Kleid ... *Lacht vor Freude.* Sie ist es!

GAJEW. Wo?

WARJA. Der Herr behüte Sie, Mamachen.

LJUBOW ANDREJEWNA. Niemand ist da, es schien mir nur so. Dort rechts, an dem Laubengang, hat sich eins der weißen Bäumchen vorgeneigt ... Es sah aus, als ob eine Frau da ginge.

Trofimow, in abgetragener Studentenuniform, mit einer Brille, tritt ein.

LJUBOW ANDREJEWNA. Ein wunderbarer Garten! Diese üppige Blütenpracht, und der blaue Himmel darüber ...

TROFIMOW. Ljubow Andrejewna! *Sie sieht sich nach ihm um.* Ich will Sie nur begrüßen und gehe gleich wieder. *Er küßt gerührt ihre Hand.* Man sagte mir, ich solle bis zum Morgen warten, doch ich hielt es nicht aus ...

Ljubow Andrejewna sieht ihn verständnislos an.

WARJA *unter Tränen.* Das ist Petja Trofimow, Mamachen ...

TROFIMOW. Petja Trofimow, der Lehrer Ihres Grischa ... Hab' ich mich denn so verändert?

Ljubow Andrejewna umarmt ihn und weint leise.

GAJEW *bewegt.* Nicht doch, Ljubow, nicht doch!

WARJA *weint.* Ich sagte Ihnen doch, Petja, Sie sollten bis morgen warten!

LJUBOW ANDREJEWNA. Mein Grischa ... mein armer Junge ... Grischa, mein Sohn ...

WARJA. Es ist doch mal geschehen, Mamachen, Gott hat es so gewollt.

TROFIMOW *weich, unter Tränen.* Genug, genug ...

LJUBOW ANDREJEWNA *weint leise.* So elend mußte er umkommen, mein guter Junge, ertrinken mußte er, warum ...? Warum, mein Lieber? *Leiser.* Hier nebenan schläft Anja, und ich spreche so laut ... Sagen Sie, Petja – Sie sehen so mitgenommen aus? Wovon sind Sie so gealtert?

TROFIMOW. In der Bahn meinte auch schon eine Frau, ich sähe so schäbig aus.

LJUBOW ANDREJEWNA. Damals waren Sie noch ein ganz junges Kerlchen, ein lieber kleiner Student, und jetzt ist Ihr Haar so dünn, Sie tragen eine Brille ... Sind Sie denn noch immer Student? *Geht nach der Tür.*

TROFIMOW. Ich werde wohl ewig Student bleiben.

LJUBOW ANDREJEWNA *küßt den Bruder, dann Warja.* Nun, geht schlafen ... Auch du bist recht gealtert, Leonid.

PISCHTSCHIK *geht hinter ihnen her.* Also schlafen gehen ... o weh, mein Podagra! Ich bleibe hier bei Ihnen ... Vielleicht geht's morgen früh doch noch, liebe Freundin ... 240 Rubel ...

GAJEW. Er läßt und läßt nicht locker!

PISCHTSCHIK. 240 Rubel ... ich muß Hypothekenzinsen zahlen ...

LJUBOW ANDREJEWNA. Ich habe kein Geld, mein Lieber.

PISCHTSCHIK. Ich geb's bald zurück ... eine so kleine Summe ...

LJUBOW ANDREJEWNA. Nun gut, Leonid wird es Ihnen geben ... Gib ihm das Geld, Leonid!

GAJEW. Sonst was werde ich ihm geben.

LJUBOW ANDREJEWNA. Was bleibt uns schließlich übrig, gib's ihm ... Er braucht es ... Er wird's schon zurückzahlen ...

Ljubow Andrejewna, Trofimow, Pischtschik und Firs entfernen sich.

GAJEW. Immer noch die Alte! Immer das Geld zum Fenster hinaus. *Zu Jascha.* Drück' dich, mein Lieber, du riechst nach Hühnermist.

JASCHA *lächelnd.* Sie sind immer noch derselbe, der Sie waren, Leonid Andrejewitsch.

GAJEW. Wie war das? *Zu Warja.* Was sagt der Bursche?

WARJA *zu Jascha.* Deine Mutter ist aus dem Dorfe gekommen, sie möchte dich sehen. Seit gestern sitzt sie in der Gesindestube.

JASCHA. Mag sie doch sitzen!

WARJA. Was? Schämst du dich nicht?

JASCHA. Was hab' ich von meiner Mutter? Hätt' ebensogut morgen kommen können. *Ab.*

WARJA Mamachen ist unverbesserlich: alles gäbe sie hin, wenn man sie frei schalten ließe.

GAJEW. Ja ... *Pause.* Wenn gegen eine Krankheit recht viele Mittel vorgeschlagen werden, so heißt das, sie ist unheilbar. Ich zerbreche mir den Kopf, ersinne bald diesen, bald jenen Ausweg, und weiß im Grunde genommen nicht einen einzigen. Wenn man so jemanden beerben könnte ... oder wenn sich für Anja ein reicher Mann fände ... oder wenn wir unser Glück bei der Gräfin in Jaroslawl versuchten ... die Gräfin ist schwer reich, sie ist unsere richtige Tante ...

WARJA *weint.* Wenn der liebe Gott uns doch helfen wollte!

GAJEW. Heul' nicht! Die Tante will leider nichts von uns wissen. Sie kann's meiner Schwester nicht verzeihen, daß sie einen simplen Advokaten geheiratet hat, der nicht mal von Adel war.

Anja erscheint in der Tür.

GAJEW. Dann ist sie auch mit Ljubas Aufführung unzufrieden. Gewiß, die Tugendrose verdient sie nicht. Sie ist herzensgut und ein prächtiger Kamerad, ich habe sie aufrichtig lieb, aber soviel mildernde Umstände man ihr auch bewilligen mag – zum Laster neigt sie nun mal. Das spürt man in jeder Bewegung.

WARJA *flüstert.* Anja steht in der Tür.

GAJEW. Was ist? *Pause.* Merkwürdig – ich hab' was am rechten Auge … Kann damit gar nicht sehen. Auch neulich, am Donnerstag, wie ich auf dem Bezirksgericht war …

Anja tritt ins Zimmer.

WARJA. Warum schläfst du nicht, Anja?

ANJA. Ich kann nicht einschlafen. Ganz unmöglich.

GAJEW. Mein Herzchen … *Küßt Anja Gesicht und Hände.* Mein liebes Mädchen … *Unter Tränen.* Du bist nicht meine Nichte, du bist mein Engel, mein Alles. Glaub' es mir, glaub's …

ANJA. Ich glaube dir, Onkel, wir lieben und achten dich alle … aber lieber Onkel, du solltest viel weniger reden. Was hast du da wieder von meiner Mutter gesagt, von deiner eigenen Schwester? Warum sagst du so etwas?

GAJEW. Ja, ja … *Verdeckt sein Gesicht mit ihrer Hand.* Das ist schrecklich, in der Tat! O Gott, steh' mir bei! Auch vorhin, diese Rede vor dem Bücherschrank … wie albern! Erst als ich zu Ende war, merkte ich, wie dumm ich mich benommen hatte.

WARJA. Das stimmt, Onkelchen. Sie sollten viel weniger reden. Schweigen Sie doch einfach!

ANJA. Es wird dir viel leichter ums Herz sein, wenn du schweigst.

GAJEW. Ich schweig' schon. *Küßt Anja und Warja die Hand.* Ich schweige schon. Nur noch ein Wort zur Sache. Am Donnerstag war ich auf dem Bezirksgericht, da blieben wir dann noch ein Weilchen beisammen, dies und das kam zur Sprache, vom Hundertsten ging's ins Tausendste – kurzum, ich hoffe, gegen Wechsel ein Darlehn zu bekommen und die Bankzinsen zu bezahlen.

WARJA. Wenn doch Gott uns helfen wollte!

GAJEW. Am Dienstag fahr' ich hin, um nochmal Rücksprache zu halten. *Zu Warja.* Heul' doch nicht. *Zu Anja.* Deine Mutter wird mit Lopachin reden, er wird ihr sicher keinen Korb geben ... Und du fährst, sobald du dich ausgeruht hast, nach Jaroslawl zu deiner Großtante, der Frau Gräfin. So nehmen wir die Sache von drei Seiten in Angriff – und sind gerettet. Die Zinsen werden wir bezahlen können, das glaub' ich ganz bestimmt ... *Steckt einen Bonbon in den Mund.* Ich gebe dir mein Ehrenwort: Das Gut wird nicht verkauft! *Lebhaft.* Bei meiner Seele schwör' ich's: hier hast du meine Hand, einen Waschlappen kannst du mich nennen, einen ehrlosen Wicht, wenn ich's zur Versteigerung kommen lasse. Bei allem, was mir heilig ist, schwör' ich's dir!

ANJA *Beruhigt und glücklich.* Wie gut du bist, Onkel. Wie lieb und klug. *Umarmt den Onkel.* Jetzt bin ich beruhigt. Ganz ruhig und glücklich bin ich.

FIRS *tritt ein. Vorwurfsvoll.* Leonid Andreïtsch – um Gotteswillen: wann wollen Sie endlich zu Bett gehen?

GAJEW Gleich, gleich. Geh' nur, Firs, ich brauche dich nicht mehr, werde schon allein ins Bett finden. Nun, Kinderchen, in die Federn! ... Alles Nähere morgen, jetzt geht schlafen. *Küßt Anja und Warja.* Ich bin noch einer von der alten Garde, so aus den achtziger Jahren. Ich besitze meine Überzeugungen und habe für sie manches Opfer gebracht. Nicht umsonst ist mir der Bauer zugetan. Unsere Bauern muß man kennen! Man muß wissen, daß sie ...

ANJA. Schon wieder, Onkel!

WARJA. Schweigen Sie doch, Onkelchen!

FIRS *ärgerlich.* Leonid Andreïtsch!

GAJEW. Ich gehe, ich gehe ... Legt euch zu Bett. Ich spiele auf den Weißen, zweimal an die Bande ... *Ab, hinter ihm trippelt Firs daher.*

ANJA. Ich bin jetzt vollkommen beruhigt. Nach Jaroslawl zu fahren, hab' ich keine Lust, ich mag die Gräfin nicht. Aber sonst ... hat mich der Onkel ganz beruhigt. *Setzt sich.*

WARJA. Nun wollen wir doch schlafen gehen ... Übrigens, während du fort warst, gab's hier allerhand Scherereien. Du weißt, im kleinen Gesindehaus wohnt die alte Dienerschaft: Jefimuschka, Polja, Jewstignej, na, und Karp. Es fand sich da allerhand Gesindel bei ihnen an, dem sie Nachtquartier gaben. Ich drückte ein Auge zu, bis mir hinterbracht wurde, daß sie böse Reden über mich führten, ich sei geizig, gebe ihnen schlecht zu essen, und so weiter. Jewstignej sollte dahinter stecken, hieß es – ich lasse ihn mir also kommen … *gähnt* und sage zu ihm: was bist du doch für ein dummer Kerl, Jewstignej! *Sieht Anja an.* Ännchen! … *Pause.* Sie ist eingeschlafen … *Nimmt Anjas Arm.* Nun geht's aber ins Bett … komm! *Führt sie.* Mein Seelchen ist eingedruselt. Komm …

Sie gehen. Aus der Ferne, über den Garten her, ertönt eine Hirtenflöte. Trofimow geht über die Bühne und bleibt beim Anblick der beiden Mädchen stehen.

WARJA. S-st! Sie schläft … schläft … Komm, mein Kind.
ANJA *leise im Halbschlummer.* Ich bin müde … Es klingt mir so im Ohr … Der Onkel ist … so lieb … Mama und der Onkel …
WARJA. Komm, Kind, komm … *Beide ab in Warjas Zimmer.*
TROFIMOW *gerührt.* Meine Sonne! Mein Frühling!

Vorhang.

Zweiter Aufzug.

Freies Feld. Eine alte kleine Kapelle, vernachlässigt und verfallen; nebenan ein Brunnen, eine Anzahl großer Steine, die anscheinend früher als Grabplatten gedient haben, und eine alte Bank. Man sieht den Weg nach dem Gutshofe der Gajews. Abseits erheben sich dunkle, hohe Pappeln: dort beginnt der Kirschgarten. In der Ferne eine Reihe von Telegraphenstangen, und ganz weit am Horizont die verschwommenen Umrisse einer großen Stadt, die man nur bei klarem, schönem Wetter deutlicher sieht. Kurz vor Sonnenuntergang. Auf der Bank sitzen Scharlotta, Jascha und Dunjascha; Epichodow steht, Gitarre spielend, daneben. Alle sind in träumerischer Stimmung. Scharlotta, in einer alten Mütze, hat ein Jagdgewehr von der Schulter genommen und bastelt an der Riemenschnalle.

SCHARLOTTA *nachdenklich.* Ich hab' gar keinen richtigen Paß – ich weiß nicht, wie alt ich bin; mir ist immer, als wär' ich noch ganz jung. Als kleines Mädchen zog ich mit meinen Eltern auf Jahrmärkten umher, sie gaben da Vorstellungen, und ich machte denn Saltomortale und allerhand andere Kunststücke. Dann starben die Eltern, und ich kam zu einer deutschen Dame, die mich unterrichtete. So wuchs ich heran und wurde schließlich Gouvernante. Woher ich bin, wer ich bin – weiß ich nicht. *Zieht eine Gurke aus der Tasche und ißt.* Nichts weiß ich. *Pause.* Ich möcht' mich mal gern so richtig aussprechen, aber zu wem? Ich hab' doch keinen Menschen auf der Welt.

EPICHODOW *spielt auf der Gitarre und singt.* »Was kümmert mich der Lärm der Welt, was sind mir Freund' und Feinde ...« Wie schön ist's doch, wenn man Mandoline spielen kann!

DUNJASCHA. Das ist eine Gitarre und keine Mandoline! *Beguckt sich im Spiegel und pudert sich.*

EPICHODOW. Für einen verliebten Narren ist es eine Mandoline ... *Singt.* »Wenn sich in treuer Liebe nur ein treues Herz mir einte ...«

Jascha singt leise mit.

SCHARLOTTA. Schrecklich singen die Leute ... pfui! Das reine Schakalgeheul!

DUNJASCHA *zu Jascha.* So eine Reise ins Ausland muß doch wunderschön sein.

JASCHA. Das will ich meinen. Bin ganz Ihrer Ansicht. *Gähnt erst und zündet sich dann eine Zigarre an.*

EPICHODOW. Das unterliegt keinem Zweifel. Im Ausland ist alles ganz perfekt.

JASCHA. So ist's.

EPICHODOW. Ich bin ein fortgeschrittener Mensch, ich lese allerhand hervorragende Bücher, und doch kann ich meine geistige Richtung nicht begreifen, was ich eigentlich will – ob ich weiterleben oder mich totschießen soll, gewissermaßen ... Ich trage immer einen Revolver bei mir, nichtsdestoweniger, da ist er ... *Zeigt seinen Revolver.*

SCHARLOTTA. So – fertig! *Hängt das Gewehr über die Schulter.* Du bist ein ganz gescheuter Kerl, Epichodow, und dabei hast du sowas Imponierendes. Die Weiber haben dich wohl sehr gern? Brrr! *Entfernt sich.* Diese gescheuten Menschen sind alle miteinander Esel, nicht ein Ton läßt sich mit ihnen reden ... Ich bin allein, ganz mutterseelenallein auf der Welt, hab' niemand, mit dem ich mich aussprechen könnte ... Wer ich bin, wozu ich da bin, – kein Mensch kann mir's sagen ... *Langsam ab.*

EPICHODOW. Genau genommen, ohne auf die Einzelheiten einzugehen, kann ich wohl sagen, daß das Schicksal mich mitleidslos behandelt, wie der Sturm ein Schifflein. Angenommen, ich irre mich – wie kommt es dann, daß ich heute früh beim Erwachen plötzlich, beispielsweise, auf meiner Brust eine riesengroße Spinne sehe? ... So groß. *Zeigt mit beiden Händen.* Oder ich nehm' ein Glas Bier in die Hand und will trinken, und mit einemmal seh' ich etwas ganz Abscheuliches darin herumschwimmen, nämlich eine Schwabe! *Pause.* Haben Sie Buckle gelesen? *Pause. Zu Dunjascha.* Ich möcht' ein paar Worte mit Ihnen reden, Awdotja Fjodorowna ... darf ich bitten?

DUNJASCHA. Reden Sie!

EPICHODOW. Unter vier Augen, möcht' ich bitten ... *Seufzt.*

DUNJASCHA *verwirrt.* Schön ... aber holen Sie mir erst mal meinen Umhang ... neben dem Spind hängt er ... Es ist hier so kühl ...

EPICHODOW. Schön, ich hol' ihn ... Jetzt weiß ich, wozu ich meinen Revolver habe ... *Auf der Gitarre klimpernd ab.*

JASCHA. Der Unglücksrabe! Ein Schafskopf, unter uns gesagt. *Gähnt.*

DUNJASCHA. Daß er sich bloß nicht erschießt. *Pause.* Ich bin so empfindlich geworden, jede Kleinigkeit regt mich auf. Ich bin schon als kleines Mädchen zur Herrschaft gekommen, da bin ich das einfache Leben gar nicht mehr gewöhnt. Da, sehen Sie, ich hab' so weiße Hände, ganz wie ein Fräulein. Und so zart bin ich, so delikat und ängstlich ... alles erschreckt mich. Wenn Sie mich zum Beispiel betrügen sollten, Jascha – ich weiß nicht, was mit meinen Nerven würde.

JASCHA *küßt sie.* Mein Schnutchen! Gewiß, natürlich, jedes anständige Mädchen muß auf sich halten. Nichts ist mir so zuwider wie ein schlechtes Benehmen.

DUNJASCHA. Ich hab' Sie so liebgewonnen! Sie sind so gebildet, können über alles so fein reden! *Pause.*

JASCHA *gähnt.* Nja ... Ich meine, wenn ein Mädel sich wegwirft, dann taugt es eben nichts ... *Pause.* Zu fein schmeckt so eine Zigarre im Freien ... *Horcht.* Es kommt jemand ... die Herrschaften jedenfalls.

Dunjascha umarmt ihn hastig.

JASCHA. Gehen Sie nach Hause ... tun Sie, als wären Sie baden gewesen. Hier den Fußweg gehen Sie lang, sonst begegnen Sie noch jemandem. Man denkt gar, wir hätten uns ein Stelldichein gegeben, und das mag ich nicht.

DUNJASCHA *hustet leise.* Ich habe Kopfschmerzen von dem Zigarrenrauch. *Ab.*

Jascha bleibt allein zurück, er sitzt auf der Bank neben der Kapelle.
Ljubow Abdrejewna, Gajew und Lopachin kommen heran.

LOPACHIN. Die Zeit drängt, es heißt jetzt einen Entschluß fassen. Wollen Sie parzellieren? Antworten Sie kurz: ja oder nein?

LJUBOW ANDREJEWNA. Wer raucht denn hier so abscheuliche Zigarren? *Setzt sich.*

GAJEW. Wie bequem das doch ist, daß wir jetzt hier die Bahn haben! *Setzt sich.* Will man mal gut frühstücken, steigt man einfach ins Kupee und fährt nach der Stadt ... Den Gelben in die Mitte! Ich möcht' am liebsten nach Hause gehen und eine Partie Billard spielen ...

LJUBOW ANDREJEWNA. Die läuft dir nicht weg.

LOPACHIN. Nur ein einziges Wort! *Bittend.* Geben Sie mir doch endlich eine klare Antwort!

GAJEW *gähnend.* Wie war das?

LJUBOW ANDREJEWNA *sieht in ihr Portemonnaie.* Gestern war's voll, und heut' ist's schon wieder Ebbe. Die arme Warja spart, kocht nichts als Milchsuppen, füttert die Leute mit Erbsen, und ich verschleudere das Geld so unvernünftig ... *Läßt das Portemonnaie fallen, daß die Goldstücke herausrollen.* Nun rollen sie hin! *Wird ärgerlich.*

JASCHA. Gestatten Sie, ich such' sie zusammen. *Hebt das Geld auf.*

LJUBOW ANDREJEWNA. Seien Sie so gut, Jascha. Was hat das nur für einen Sinn – nach der Stadt zu fahren, bloß um zu frühstücken? Und so ein ruppiges Lokal – die Musik taugt nichts, die Tischtücher riechen nach Seife ... Man ißt und trinkt viel zuviel – wozu das alles, Ljonja? Und man schwatzt auch viel zu viel. Du hast heut' wieder alles mögliche zusammengeredet, lauter überflüssiges Zeug, von den siebziger Jahren, von der neuen Literatur, und zu wem hast du geredet? Zu den Kellnern! Mit Kellnern hast du über Literatur disputiert!

LOPACHIN. Ja ...

GAJEW *achselzuckend.* Ich bin eben unverbesserlich ... *Erregt zu Jascha.* Was ist denn das? In einem fort drehst du dich mir hier vor den Augen herum ...

JASCHA *lacht.* Ich muß immer lachen, wenn ich Sie reden höre.

GAJEW *zu seiner Schwester.* Entweder ich oder er ...

LJUBOW ANDREJEWNA. Gehen Sie, Jascha, entfernen Sie sich ...

JASCHA *reicht ihr das Portemonnaie.* Ich gehe schon ... *Hält sein Lachen nur mühsam zurück.* Ich geh' ... *Ab.*

LOPACHIN. Der reiche Deriganow will Ihr Gut kaufen. Es heißt, er will selbst zur Versteigerung kommen.

LJUBOW ANDREJEWNA. Woher wissen sie das?

LOPACHIN. In der Stadt erzählt man's.

GAJEW. Die Tante in Jaroslawl hat uns Geld versprochen – aber wann sie es schickt, und wieviel, kann ich noch nicht sagen.

LOPACHIN. Wieviel wird sie schicken? Hundert-, zweihunderttausend?

LJUBOW ANDREJEWNA. Nun, wenn's auch nur zehn- oder fünf- zehntausend sind, ist uns schon geholfen.

LOPACHIN. Verzeihen sie, so leichtsinnige Herrschaften wie Sie, so unerfahrene, sonderbare Leute sind mir noch nie vorgekommen. Ich sage Ihnen klipp und klar: Ihr Gut kommt unter den Hammer, und Sie tun, als sei das gar nichts.

LJUBOW ANDREJEWNA. Was sollen wir machen? So belehren Sie uns doch!

LOPACHIN. Tag für Tag gebe ich mir Mühe, Sie zu belehren. Tag für Tag rede und rede ich, immer ein und dasselbe. Sie sollen den Kirschgarten und das ganze Terrain am Flusse parzellieren und Sommerhäuschen darauf bauen, und zwar sofort, jetzt, in diesem Augenblick. Der Versteigerungstermin steht vor der Tür. Begreifen sie doch endlich! Sobald Sie sich erst mal zu der Parzellierung ent- schlossen haben, steht Ihnen soviel Geld zur Verfügung, wie Sie nur wollen, und Sie sind gerettet.

LJUBOW ANDREJEWNA. Sommerhäuschen, Sommergäste – das klingt so gewöhnlich, nehmen Sie mir's nicht übel.

GAJEW. Ich bin ganz deiner Meinung.

LOPACHIN. Weinen möcht' ich, schreien, in Ohnmacht fallen, wenn ich das höre. Ich halt's nicht länger aus, Sie foltern mich zu Tode. *Zu Gajew.* sie sind ein altes Weib!

GAJEW. Wie war das?

LOPACHIN. Ein altes Weib sind Sie! *Will gehen.*

LJUBOW ANDREJEWNA *erschrocken.* Nicht doch, Sie werden doch nicht gehen! Bleiben Sie, mein Lieber, ich bitte Sie darum. Es ist gemütlicher, wenn Sie da sind ... *Pause.* Mir ist immer so unheim- lich zumute, als ob etwas Schreckliches eintreten müßte, als ob das Dach über uns einstürzen sollte ...

GAJEW *in tiefem Nachdenken.* Dublee in die Ecke! ... Den Roten in die Mitte!

LJUBOW ANDREJEWNA. Wir haben auch zu arg gesündigt.

LOPACHIN. Was haben Sie schon arg gesündigt.

GAJEW *steckt einen Bonbon in den Mund.* Man erzählt sich, ich hätte mein ganzes Vermögen in Bonbons vernascht ...

LJUBOW ANDREJEWNA O, meine Sünden, meine Sünden! ... Ich bin mit dem Geld immer umgegangen wie eine Verrückte. Einen Schuldenmacher hab' ich geheiratet, der sich am Champagner totgetrunken hat, und dann hab' ich mich an einen andern gehängt, der es auch nicht besser trieb. Der Tod meines Jungen war die erste Strafe, er traf mich wie ein Schlag auf den Kopf. Ich floh blindlings, fort, nur fort, ins Ausland, um diesen Fluß nicht mehr zu sehen, der mir mein Kind geraubt hatte. Jener kam mir nach, und als er dort krank wurde, kaufte ich die Villa bei Mentone und pflegte ihn drei Jahre lang, gönnte mir Tag und Nacht keine Ruhe und kam selbst ganz und gar herunter. Und im vorigen Jahr, als man Schulden halber meine Villa verkauft hatte, fuhr ich nach Paris, und hier nahm mir der Mensch mein Letztes, wandte sich einer andern zu und ließ mich elend sitzen. Ich machte einen Selbstmordversuch ... so dumm ... so kläglich ... und plötzlich erwachte in mir die Sehnsucht nach Rußland, nach der Heimat, nach meinen lieben kleinen Mädchen ... *Wischt sich die Tränen aus den Augen.* O Gott, mein Gott, sei mir gnädig, vergib mir meine Sünden! Straf' mich nicht länger! *Zieht ein Telegramm aus der Tasche.* Das hab' ich heute aus Paris bekommen ... Er bittet um Verzeihung, fleht mich an, ich möchte zu ihm zurückkommen ... *Zerreißt das Telegramm. Lauscht.* Ist das nicht Musik?

GAJEW. Das ist unser berühmtes jüdisches Orchester. Vier Geigen, Flöte und Kontrabaß – weißt du noch?

LJUBOW ANDREJEWNA. Existiert es noch? Könnte man sie nicht mal herbestellen zu einer Abendunterhaltung?

LOPACHIN *horcht.* Ich höre nichts ... *Lacht.* Gestern war ich im Theater, man gab ein sehr spaßiges Stück, wirklich zum Lachen.

LJUBOW ANDREJEWNA. Was mag's da zum Lachen gegeben haben! Über euch selbst solltet ihr lachen – über das Jammerleben, das ihr führt ... und nicht so viel schwatzen solltet ihr ...

LOPACHIN. Das stimmt schon. Ein richtiges Narrenleben führen wir. *Pause.* Mein Vater war ein Bauer, ein Idiot, der von nichts was verstand, der mir nichts beibrachte und mich mit dem Knüppel schlug, wenn er betrunken war. Und ich hab's nicht viel weiter gebracht: ein dummer Teufel bin ich geblieben, und eine Handschrift hab' ich, schämen sollt' ich mich, die richtigen Krähenfüße.

LJUBOW ANDREJEWNA. Sie sollten heiraten, mein Lieber.

LOPACHIN. Ja, das sollt ich wohl.

LJUBOW ANDREJEWNA. Heiraten sie unsere Warja. Sie ist ein liebes Mädel.

LOPACHIN. Ja.

LJUBOW ANDREJEWNA. Sie ist einfach erzogen, ist gut und brav, und vor allem: sie hat Sie gern. Sie haben doch längst ein Auge auf sie geworfen.

LOPACHIN. Ich bin nicht abgeneigt … Sie ist ein liebes Mädel. *Pause.*

GAJEW. Mir hat man eine Stellung in der Bank angeboten … Sechstausend Rubel jährlich … weißt du schon?

LJUBOW ANDREJEWNA Unsinn! Bleib' wo du bist!

FIRS *kommt mit einem Paletot. Zu Gajew.* Es ist kühl, Herr, ziehen Sie ihn gefälligst über.

GAJEW *zieht den Paletot an.* Bist ein langweiliger Peter.

FIRS. Schon gut … Heute früh sind Sie auch weggefahren, ohne mir ein Wort zu sagen. *Mustert ihn.*

LJUBOW ANDREJEWNA. Bist doch sehr gealtert, lieber Firs.

FIRS. Was beliebt?

LOPACHIN. Sehr gealtert bist du!

FIRS. Ich lebe ja auch schon lang genug. Als ihr Herr Papa noch gar nicht auf der Welt war, da sollt' ich schon heiraten. Und wie die Bauernbefreiung kam, war ich schon erster Kammerdiener. Ich wollt' aber gar nicht frei werden, sondern blieb fein bei meiner Herrschaft … *Pause.* Alle freuten sich damals so, aber worüber sie sich freuten, das wußten sie selber nicht.

LOPACHIN *ironisch.* Sehr schön ist's früher gewesen. An Prügel wenigstens hat's nicht gefehlt.

FIRS *der ihn nicht verstanden hat.* Das wollt' ich meinen. Hie Bauern, hie Herren – man wußte, woran man war. Jetzt läuft alles durcheinander, kein Mensch kennt sich mehr aus.

GAJEW. Halt den Mund, Firs. Morgen muß ich zur Stadt. Ich soll da einen General kennen lernen, der Geld gegen Wechsel gibt.

LOPACHIN. Es wird nichts dabei herauskommen. Sie werden die Zinsen nicht zahlen können, sag' ich Ihnen.

LJUBOW ANDREJEWNA. Er phantasiert ja. Es gibt gar keinen solchen General.

Trofimow, Anja und Warja kommen heran.

GAJEW. Ah, da kommt unser junges Völkchen!

ANJA. Sieh' da, Mama auf der Brunnenbank!

LJUBOW ANDREJEWNA. Komm, komm … Meine lieben Mädchen … *Umarmt Anja und Warja.* Wenn ihr wüßtet, wie sehr ich euch liebe! Setzt euch hier neben mich – so! *Alle setzen sich.*

LOPACHIN. Unser ewiger Student hält sich immer an die jungen Damen.

TROFIMOW Das geht Sie nichts an.

LOPACHIN. Fünfzig Jahre zählt er bald, und ist noch immer Student.

TROFIMOW Lassen Sie Ihre dummen Scherze.

LOPACHIN. Nanu, du bist wohl gar böse? Sonderling!

TROFIMOW. Laß mich doch in Frieden!

LOPACHIN *lacht.* Darf man fragen, was Sie so von mir denken?

TROFIMOW. Was ich von Ihnen denke? Das will ich Ihnen sagen, Jermolaj Alexejewitsch: Sie sind ein reicher Mann, vielleicht gar Millionär. Und wie das Raubtier, das alles frißt, was ihm in den Weg kommt, im Kreislauf des Stoffes seine Berechtigung hat, so sind auch Sie in der sozialen Welt eine Notwendigkeit. *Alle lachen.*

WARJA. Erzählen Sie uns lieber was von den Planeten, Petja.

LJUBOW ANDREJEWNA. Nein, fahren wir in unsrer gestrigen Unterhaltung fort.

TROFIMOW. Worüber?

GAJEW. Über den Edelmenschen.

TROFIMOW. Ach ja, darüber sprachen wir gestern lang und breit, ohne zu Ende zu kommen. Der Edelmensch, wie Sie ihn auffassen, hat entschieden etwas Mystisches. Vielleicht haben sie in Ihrer Art recht, aber wenn Sie die Dinge einfach und nüchtern, ohne Aufputz betrachten – was bleibt da von dem ganzen Edelmenschen übrig? Was für einen Sinn hat das Wort, wenn man die körperliche Hinfälligkeit des Menschen in Betracht zieht, wenn man bedenkt, wie ungebildet, unwissend und tief unglücklich der Mensch in der überwiegenden Mehrheit ist? Wir müssen aufhören, von uns entzückt zu sein … wir müssen einfach arbeiten, und nichts weiter.

GAJEW. Das Ende ist doch schließlich der Tod.

TROFIMOW. Wer kann das wissen? Und was heißt »der Tod«? Vielleicht hat der Mensch hundert Sinne, von denen der Tod nur fünf vernichtet, während die übrigen fünfundneunzig weiter funktionieren.

LJUBOW ANDREJEWNA. Wie gelehrt Sie doch sind, Petja.

LOPACHIN *ironisch.* Riesig gelehrt!

TROFIMOW. Die Menschheit schreitet fort und entwickelt stetig ihre Kräfte. Was ihr jetzt noch unerreichbar ist, wird ihr dereinst greifbar nahe sein, nur muß sie eben arbeiten, um zum Ziel zu gelangen, muß mit aller Macht diejenigen fördern, die die Wahrheit suchen. Bei uns in Rußland arbeiten bis jetzt nur wenige. Die Intelligenz, die ich kenne, sucht überhaupt nichts, tut nichts und ist zur Arbeit unfähig. Sie nennt sich Intelligenz und duzt dabei ihre Dienstboten, behandelt die Bauern wie das Vieh, treibt die Studien ganz oberflächlich, liest nichts mit richtigem Ernst, schwatzt nur über Wissenschaft und hat für Kunst kein Verständnis. Alle tun wichtig und machen ernste Gesichter, alle philosophieren und reden nur von erhabenen Dingen, und dabei leben neunundneunzig Prozent von ihnen wie die Wilden, zanken und prügeln sich um jede Bagatelle, nähren sich erbärmlich, schlafen in Schmutz und Stank, leben inmitten von Ungeziefer, Unrat und sittlicher Fäulnis. Alle unsere schönen Reden und Gespräche haben offenbar nur den Zweck, uns selbst und die anderen zu täuschen … Zeigen Sie mir doch mal, wo bei uns die Kinderhorte und Lesehallen sind, von denen so viel geredet wird! Sie existieren nur in den Romanen, nicht aber in der Wirklichkeit. Unsere Wirklichkeit ist der Schmutz, die Gemeinheit, das Asiatentum … Ich fürchte mich vor diesen allzu ernsten Gesichtern und tiefsinnigen Gesprächen, ich liebe sie nicht … Schweigen wir lieber!

LOPACHIN. Sehen Sie – ich steh' um fünf Uhr morgens auf, arbeite von früh bis zum späten Abend, habe immer mit eignem und fremdem Geld zu tun, und da seh' ich so recht, wie die Leute sind. Man braucht nur irgend etwas zu unternehmen, gleich kommt man dahinter, wie wenige ehrliche und ordentliche Menschen es gibt. Manchmal, wenn ich in der Nacht keinen Schlaf finde, denk' ich so bei mir: »O Gott im Himmel, du hast uns nun diese riesigen Wälder, diese unabsehbaren Fluren, diese weiten Horizonte gegeben, da müßten doch auch wir, die wir mitten drin leben, so eine Art Riesen sein …«

LJUBOW ANDREJEWNA. Was wollen sie mit Riesen? Die sind nur im Märchen gut und edel, in der Wirklichkeit erschrecken sie einen höchstens.

Im Hintergrund geht Epichodow, auf seiner Gitarre spielen, vorüber.

LJUBOW ANDREJEWNA *nachdenklich.* Epichodow kommt. ...

ANJA *nachdenklich.* Epichodow kommt ...

GAJEW. Die Sonne ist untergegangen, Herrschaften.

TROFIMOW. Ja.

GAJEW *leise, halb deklamierend.* O Natur, du Wunderbare! Du strahlst im ewigen Lichte, voll Schönheit und schweigender Würde bist du, die wir unsere Mutter nennen! Du birgst Leben und Tod in dir, du ernährst und vernichtest ...

WARJA *bittend.*Onkelchen!

ANJA. Onkel, schon wieder!

TROFIMOW. Machen sie lieber einen Dublee auf den Gelben ...

GAJEW. Ich schweig' schon, ich schweig' schon.

Alle sitzen in Nachdenken versunken da. Stille ringsum, man hört nur Firs vor sich hinmurmeln. Plötzlich erklingt in der Ferne ein Ton, wie vom Himmel kommend, wie der Ton einer gesprungenen Saite, ersterbend, traurig.

LJUBOW ANDREJEWNA. Was war das?

LOPACHIN. Ich weiß nicht. Vielleicht ist irgendwo in einem Schacht ein Förderseil gerissen. Es muß sehr, sehr weit sein.

GAJEW. Es kann auch ein Vogel gewesen sein, ein Reiher vielleicht.

TROFIMOW. Oder ein Uhu ...

LJUBOW ANDREJEWNA *zusammenschauernd.* Es klang so unheimlich. *Pause.*

FIRS. Vor dem Unglück damals war's genau so: die Eule schrie, und der Ssamowar summte in einem fort.

GAJEW. Vor welchem Unglück?

FIRS. Vor der Bauernbefreiung.

Pause.

LJUBOW ANDREJEWNA. Ich denke, wir gehen, meine Lieben, es ist schon spät. *Zu Anja.* Du hast Tränen in den Augen – was ist dir, Kind? *Umarmt sie.*

ANJA. Nichts, Mama ... Nur so ...

TROFIMOW. Es kommt jemand.

Ein Landstreicher in Paletot und abgetragener weißer Mütze erscheint; er ist leicht angetrunken.

LANDSTREICHER. Darf ich fragen, ob ich hier richtig auf dem Wege zur Station bin?

GAJEW. Ja, immer geradeaus.

LANDSTREICHER. Danke ergebenst. *Hustet.* Ein herrliches Wetter ... *Deklamiert* ... »O Bruder, vielgeprüfter Bruder mein ... Geh', such' am Wolgaufer die Erholung ...« *Zu Warja.* Mademoiselle, ein hungernder Landsmann bittet Sie um dreißig Kopeken ...

Warja stößt erschrocken einen Schrei aus.

LOPACHIN *ärgerlich.* Hör' mal, du – alter Freund, nicht zu weit gegangen!

LJUBOW ANDREJEWNA *ängstlich.* Nehmen Sie ... da ... *Sucht im Portemonnaie.* Ich habe kein Silbergeld ... Hier, nehmen Sie das Goldstück ...

LANDSTREICHER. Danke ergebenst! *Ab. Lachen.*

WARJA *erschrocken.* Ich halt' das nicht aus ... Ich geh' fort, Mamachen! Zu Hause haben die Leute nichts zu essen, und Sie geben dem Menschen ein Goldstück!

LJUBOW ANDREJEWNA. Was ist schon, ich bin mal so närrisch. Zu Hause gebe ich dir alles, was ich habe. Jermolaj Alexeïtsch, Sie borgen mir doch noch was?

LOPACHIN. Ich stehe zu Diensten.

LJUBOW ANDREJEWNA. Kommen Sie, Herrschaften, es ist Zeit. Wir haben dich übrigens unter die Haube gebracht, Warja. Ich gratuliere.

WARJA *unter Tränen.* Mit solchen Dingen scherzt man nicht, Mama.

LOPACHIN. Geh' in ein Kloster, Ochmelia!

GAJEW. Mir zittern förmlich die Hände: ich hab' schon lange nicht Billard gespielt.

LOPACHIN. Schließ mich in dein Gebet ein, Ochmelia, schöne Nymphe!

LJUBOW ANDREJEWNA. Gehen wir endlich. Es gibt gleich Abendbrot.

WARJA. Wie mich dieser Mensch erschreckt hat! Förmlich Herzklopfen hab' ich bekommen.

LOPACHIN. Vergessen Sie nicht, Herrschaften: am 2. August kommt der Kirschgarten unter den Hammer! Denken Sie daran!

Alle ab, außer Trofimow und Anja.

ANJA *lacht.* Der Bettler hat Warja verscheucht, nun sind wir allein.

TROFIMOW. Sie fürchtet, wir könnten uns ineinander verlieben, und geht uns nicht vom Halse. Ihr enger Schädel erfaßt es nicht, daß wir über der Liebe stehen. All das Kleinliche, Trügerische abstreifen, das uns hindert, glücklich zu sein – das ist der Sinn und das Ziel unseres Lebens. Nur vorwärts! Wir schreiten unaufhaltsam dem hellen Stern entgegen, der dort in der Ferne erglänzt! Vorwärts! Bleibt nicht zurück, o Freunde!

ANJA *in die Hände klatschend.* Wie schön Sie sprechen! *Pause.* Heut ist es hier ganz herrlich!

TROFIMOW. Ja, ein wundervolles Wetter.

ANJA. Was haben Sie mit mir gemacht, Petja? Wie kommt's, daß ich den Kirschgarten nicht mehr so liebe wie früher? Ich liebte ihn so zärtlich, ich war fest davon überzeugt, daß es keinen schöneren Ort auf Erden gebe, als unseren Garten.

TROFIMOW. Ganz Rußland ist unser Garten. Die Erde ist groß und schön, und es gibt auf ihr gar viele wundervolle Orte. *Pause.* Bedenken Sie, Anja: Ihr Großvater, Ihr Urgroßvater und alle Ihre Vorfahren waren Sklavenhalter, Gebieter über lebendige Seelen; jede Frucht im Garten, jedes Blatt am Baum spricht von den menschlichen Wesen, die hier in Knechtschaft gelebt haben. O, dieser Garten hat etwas Schreckliches, und wenn man des Nachts ihn durchschreitet und die alte Rinde der Stämme in matten Reflexen erschimmern sieht, dann ist es, als ob diese Kirschbäume träumten, als ob sie in quälenden Visionen sähen, was hier vor hundert, vor zweihundert Jahren geschah. Was soll man schon viel Worte machen: wir sind um wenigstens zweihundert Jahre in der Entwicklung zurück, bei uns ist noch so gut wie nichts geschehen, wir haben noch gar keine Distanz zu unserer Vergangenheit gewonnen, wir philosophieren nur, klagen über Langeweile oder trinken Branntwein. Es ist ja doch sonnenklar: um wirklich und lebendig mit der Gegenwart zu leben, müssen wir erst mit der Vergangenheit abschließen und sie abbüßen, und das können wir nur durch hartes Leid, durch unermüdliche, anstrengende Arbeit erreichen. Merken Sie sich das, Anja!

ANJA. Das Haus, in dem wir wohnen, gehört uns längst nicht mehr. Ich werde es verlassen, mein Wort darauf.

TROFIMOW. Wenn Sie die Schlüssel der Wirtschaft hier führen, dann werfen Sie sie in diesen Brunnen und gehen Sie auf und davon. Seien Sie frei, wie der Wind der Steppe!

ANJA *entzückt.* Wie schön Sie das gesagt haben.

TROFIMOW. Glauben Sie mir, Anja, glauben Sie!

Ich zähle noch nicht dreißig, bin noch jung, noch Student, und habe doch schon so unendlich viel durchgemacht. Hunger und Elend, Krankheit und Not hab' ich ertragen wie nur irgendein Bettler, von Ort zu Ort hat mich das Schicksal gejagt. Immer jedoch, jeden Augenblick, bei Tag und Nacht, blieb meine Seele von geheimnisvollen Ahnungen erfüllt: ich ahne das Glück, Anja – ja, ich sehe es schon …

ANJA *nachdenklich.* Der Mond geht auf.

Man hört Epichodow immer noch dieselbe traurige Melodie auf der Gitarre spielen. Der Mond steigt empor. Irgendwo in der Nähe der Pappeln ruft Warja.

WARJA. Anja, Anja!

TROFIMOW. Ja, der Mond geht auf.

Pause.

TROFIMOW. Das ist es, das Glück – da kommt es heran, immer näher und näher, ich höre bereits seine Schritte. Und wenn wir es nicht erblicken und erkennen – was schadet es? Dann werden andere es schauen!

WARJAS STIMME. Anja, wo bist du?

TROFIMOW. Nein, diese Warja! *Ärgerlich.* Zu albern.

ANJA. Lassen Sie sie! Gehen wir an den Fluß, dort ist's schön.

TROFIMOW. Kommen Sie!

Beide ab.

WARJAS STIMME. Anja, Anja!

Vorhang.

Dritter Aufzug.

Gesellschaftszimmer, das durch eine Bogentür von Saal getrennt ist. Der Kronleuchter brennt. Im Vorzimmer spielt das jüdische Orchester, von dem im zweiten Aufzug die Rede ist. Im Saal wir die »grande ronde« getanzt. Ssimeonow-Pischtschiks Stimme: »Promenade à une paire!« Im Gesellschaftszimmer erscheinen als erstes Paar Pischtschik und Scharlotta Iwanowna, als zweites Trofimow und Ljubow Andrejewna, als drittes Anja mit dem Posthalter, als viertes Warja mit dem Stationsvorsteher usw. Warja weint still und wischt sich während des Tanzes die Tränen ab. Im letzten Paare Dunjascha. Sie schreiten durch das Zimmer; Pischtschik ruft: »Grande ronde, balançez!« und »Les cavaliers à genou et remerciez vos dames!« Firs im Frack, bringt Selterwasser auf einem Präsentierbrett. Pischtschik und Trofimow betreten das Gesellschaftszimmer.

PISCHTSCHIK. Ich bin vollblütig, hab' schon zweimal einen Schlaganfall gehabt. Das Tanzen fällt mir schwer, aber schließlich: mit den Wölfen muß man heulen. Sonst hab' ich eine Pferdenatur. Mein verstorbener Vater, Gott hab' ihn selig, war ein großer Witzbold – er meinte, das alte Geschlecht der Ssimeonow-Pischtschiks stamme direkt von dem Pferde ab, das Kaiser Caligula zum Senator ernannte ... *Setzt sich.* Mein ganzes Unglück ist, dass ich kein Geld habe. Ein hungriger Hund glaubt nur an Fleisch. ... *Schnarcht und wacht gleich wieder auf.* So hab auch ich ... nur für Geld ...

TROFIMOW. Sie haben in Ihrer Erscheinung tatsächlich etwas vom Pferd.

PISCHTSCHIK. Nun, das Pferd ist ein sehr nützliches Tier ... ein Pferd kann man verkaufen ...

Man hört, daß im Zimmer nebenan Billard gespielt wird. Im Saal unter der Bogenwölbung erscheint Warja.

TROFIMOW *neckend.* Madame Lopachin! Madame Lopachin.

WARJA *ärgerlich.* Ewiger Student! Ewiger Student!

TROFIMOW. Ich bin stolz auf mein ewiges Studententum.

WARJA. Da hat man nun die Musikanten kommen lassen – und wer soll sie bezahlen? *Ab.*

TROFIMOW *zu Pischtschik.* Hätten Sie die Energie, die Sie in Ihrem Leben zum Auftreiben von Zinsen verwandt haben, einem besseren Zweck gewidmet – Sie hätten die Welt aus den Angeln gehoben.

PISCHTSCHIK. Der berühmte Philosoph Nietzsche sagt irgendwo in seinen Werken, es sei erlaubt, falsche Banknoten zu machen.

TROFIMOW. Haben Sie Nietzsche gelesen?

PISCHTSCHIK. Nein … meine Daschenjka hat es mir gesagt. Ich bin augenblicklich in einer Lage, daß ich zum Falschmünzer werden möchte … Übermorgen soll ich 310 Rubel bezahlen … 130 hab' ich schon zusammen. *Betastet seine Taschen, erschrocken.* Ich hab' sie verloren! Ich habe das Geld verloren! *Unter Tränen.* Wo ist das Geld? *Freudig.* Da ist's, es ist hinters Futter gerutscht. … Der Schweiß ist mir förmlich auf die Stirn getreten …

Ljubow Andrejewna und Scharlotta Iwanowna treten ein.

LJUBOW ANDREJEWNA *singt leise die Lesghinka vor sich hin.* Warum bleibt Leonid nur so lange? Was macht er in der Stadt? *Zu Dunjascha.* Dunjascha, bringen Sie den Musikanten doch Tee!

TROFIMOW. Die Versteigerung hat wohl nicht stattgefunden …

LJUBOW ANDREJEWNA. Die Musikanten, der Ball … das haben wir alles so zur Unzeit arrangiert … Dich … was tut's schon … *Setzt sich und singt leise.*

SCHARLOTTA *reicht Pischtschik ein Spiel Karten.* Hier haben Sie ein Spiel Karten. Merken Sie sich irgendeine Karte.

PISCHTSCHIK. Schon gemacht.

SCHARLOTTA. Mischen Sie jetzt die Karten! So – nun geben Sie sie her, mein lieber Herr Pischtschik. Eins, zwei, drei! Die Karte, die Sie sich gemerkt haben, ist in Ihrer Brusttasche – sehen Sie nach!

PISCHTSCHIK *zieht eine Spielkarte aus seiner Brusttasche.* Die Pik-Acht! In der Tat … *Verwundert.* Was sagt man dazu?

SCHARLOTTA *hält das Kartenspiel auf der flachen Hand zu Trofimow.* Sagen Sie rasch, welche Karte soll oben liegen?

TROFIMOW. Welche Karte? Nun – die Pik-Dame.

SCHARLOTTA. Da ist sie! *Zu Pischtschik.* Nun? Welche Karte liegt oben?

PISCHTSCHIK. Coeur-Aß!

SCHARLOTTA. Da ist es … *Klopft auf die flache Hand, das Kartenspiel verschwindet.* Was für ein prächtiges Wetter heute ist!

Eine geheimnisvolle Frauenstimme, die unter dem Fußboden hervorzukommen scheint, antwortet ihr.

DIE STIMME. O ja, meine Gnädige, das Wetter ist herrlich.

SCHARLOTTA. Wie schön Sie sind, mein Ideal!

DIE STIMME. Auch Sie gefallen mir sehr gut, meine Gnädige!

DER STATIONSVORSTEHER *klatscht Beifall.* Das Fräulein ist Bauchrednerin! Bravo, Bravo!

PISCHTSCHIK *verwundert.* Was sagt man dazu? Entzückende Scharlotta Iwanowna, ich bin geradezu verliebt …

SCHARLOTTA. Verliebt? Können Sie denn lieben? Ein guter Mensch, aber ein schlechter Musikant …

TROFIMOW *klopft Pischtschik auf die Schulter.* Da haben Sie's … Sie Pferd!

SCHARLOTTA. Ich bitte um Aufmerksamkeit, noch ein kleines Kunststück. *Nimmt ein Plaid vom Stuhl.* Ich habe hier ein sehr schönes Plaid, das ich gern verkaufen möchte. *Schüttelt das Plaid.* Will es jemand kaufen?

PISCHTSCHIK *verwundert.* Was sagt man dazu?

SCHARLOTTA. Eins, zwei, drei! *Hebt rasch das breit herabhängende Plaid auf – dahinter steht Anja, die ihre Reverenz macht, zu ihrer Mutter hineilt, sie umarmt und unter allgemeinem Beifall in den Saal zurückeilt.*

LJUBOW ANDREJEWNA *applaudiert.* Bravo, bravo!

SCHARLOTTA. Noch etwas. Eins, zwei, drei! *Hebt das Plaid auf; hinter dem Plaid steht Warja und verneigt sich.*

PISCHTSCHIK *verwundert.* Was sagt man dazu?

SCHARLOTTA. Schluß! *Wirft das Plaid auf Pischtschik, macht ihrer Reverenz und eilt in den Saal.*

PISCHTSCHIK *hinter ihr hereilend.* So eine Spitzbübin! Na, wart' mal! *Ab.*

LJUBOW ANDREJEWNA. Und Leonid kommt und kommt nicht. Ich begreife nicht, was er so lange in der Stadt macht. Es muß doch längst alles entschieden sein – entweder ist das Gut verkauft, oder die Versteigerung hat noch nicht stattgefunden. Wie kann er mich so lange in Ungewißheit lassen?

WARJA *sucht sie zu trösten.* Der Onkel hat es gekauft. Ich bin fest überzeugt davon.

TROFIMOW *spöttisch.* So!

WARJA. Die Gräfin hat ihm doch Vollmacht geschickt, er soll das Gut, unter Überschreibung der Schuld, auf ihren Namen erstehen. Sie hat es für Anja bestimmt. Gott wird uns helfen … ich bin überzeugt, daß der Onkel es gekauft hat.

LJUBOW ANDREJEWNA. Die Tante in Jaroslawl hat fünfzehntausend Rubel geschickt, wir sollen das Gut auf ihren Namen kaufen. Uns traut sie nicht. Das Geld reicht leider nicht mal zur Bezahlung der Zinsen. *Bedeckt ihr Gesicht mit den Händen.* Heut' entscheidet sich mein Schicksal.

TROFIMOW *neckt Warja.* Madame Lopachin!

WARJA *ärgerlich.* Ewiger Student! Zweimal schon hat man ihn von der Universität fortgejagt!

LJUBOW ANDREJEWNA. was ärgerst du dich denn, Warja? Daß er dich mit Lopachin neckt? Laß ihn doch! Lopachin ist ein braver Mensch, ich finde ihn sogar interessant. Heirate ihn, oder heirate ihn nicht, kein Mensch wird dich zwingen.

WARJA. Ich sehe die Sache ernst an, Mamachen, und ich will ganz offen sein: er gefällt mir.

LJUBOW ANDREJEWNA. Gut, dann heirate ihn. Ich begreife nicht, warum du noch zögerst.

WARJA Ich kann mich ihm doch nicht anbieten! Seit zwei Jahren spricht alle Welt mir von ihm, und – er schweigt oder macht höchstens einen Scherz. Ich versteh' ihn wohl, er lebt ganz in seinen Geschäften und wird mit jedem Tag reicher – was soll ihm da ein Mädchen wie ich? Hätte ich Geld, und sei's auch nur ganz wenig, nur hundert Rubel, dann würde ich alles liegen lassen und in die Welt ziehen. In ein Kloster ginge ich.

TROFIMOW. Die Seligkeit!

WARJA *zu Trofimow.* Von einem Studenten verlangt man doch etwas mehr Einsicht. *sanft, unter Tränen.* Sie sehen wirklich ganz jämmerlich aus, Petja, so alt! *Zu Ljubow Andrejewna, nicht mehr weinend.* Nur ohne Beschäftigung kann ich nicht sein, Mamachen, das halt' ich nicht aus.

JASCHA *tritt ein, kann sich kaum halten vor Lachen.* Epichodow hat ein Billardqueue zerbrochen! *Ab.*

WARJA. Was hat Epichodow hier zu suchen? Wer hat ihm das Billardspielen erlaubt? Ich verstehe diese Menschen nicht. *Ab.*

LJUBOW ANDREJEWNA. Necken Sie sie nicht, Petja, Sie sehen, sie hat ohnedies Sorgen genug.

TROFIMOW. Sie ist schon gar zu diensteifrig und steckt die Nase viel zu viel in fremde Angelegenheiten. Den ganzen Sommer war sie hinter mir und Anja her, daß ja keine Liebelei zwischen uns entstehe. Was geht sie das an? Dabei denk' ich gar nicht an so was, alle solche Abgeschmacktheiten liegen mir fern. Wir stehen über der Liebe.

LJUBOW ANDREJEWNA. Und ich muß sagen: ich stehe unter der Liebe. *In heftiger Unruhe.* Warum Leonid nicht kommt? Ich möchte nur eins wissen: ob das Gut verkauft ist oder nicht. Das Unglück erscheint mir ganz unfaßbar; ich weiß nicht, was ich denken soll. Schreien könnt' ich, irgendeine Dummheit begehen. Retten sie mich, Petja: reden Sie, reden Sie, irgend etwas …

TROFIMOW. Ist's nicht ganz gleich, ob das Gut heute oder morgen unter den Hammer kommt? Es ist doch längst verfallen, es gibt keine Wiederkehr für Sie, keinen Rückweg. Beruhigen sie sich, Verehrte, man darf sich nicht selbst belügen – blicken Sie der Wahrheit wenigstens einmal im Leben offen ins Auge!

LJUBOW ANDREJEWNA. Welcher Wahrheit? Sie sehen, wo die Wahrheit oder die Unwahrheit ist, ich aber habe einfach die Sehkraft verloren, ich sehe gar nichts. Sie wagen sich mutig an die Entscheidung aller wichtigen Fragen – aber sagen Sie, mein Lieber: Geschieht das nicht einfach darum, weil Sie noch so jung sind, weil Sie noch keine Zeit hatten, auch nur eine dieser Fragen in Ihrem eigenen Ich zu erproben? Sie schauen kühn in die Zukunft: vielleicht nur darum, weil Sie nichts Schlimme sehen und erwarten, da das Leben noch vor Ihren jungen Augen verborgen ist. Sie sind kühner, ehrlicher, tiefer als wir Alten, aber versetzen Sie sich in unsere Lage, urteilen sie rücksichtsvoll, schonen Sie mich! Ich bin hier geboren, meine Eltern und Großeltern haben hier gelebt … Ich liebe dieses Haus, ohne den Kirschgarten verstehe ich das Leben nicht, und wenn er schon verkauft werden soll, so mag man mich gleich mitverkaufen … *Umarmt Trofimow, küßt ihn auf die Stirn.* Mein Sohn ist hier ertrunken … *Weint.* Haben Sie Mitleid mit mir, mein guter, lieber Junge …

TROFIMOW. Sie wissen, daß ich aus vollem Herzen mit Ihnen fühle.

LJUBOW ANDREJEWNA. Sie müssen mir das aber anders, anders sagen … *Zieht ihr Taschentuch heraus, wobei ein Telegramm auf den Fußboden fällt.* Mir liegt's heut' so schwer auf der Seele, Sie können sich das gar nicht vorstellen. Hier ist es so laut, jeder Ton läßt mein Inneres erbeben, ich zittre an allen Gliedern und auf mein Zimmer gehen kann ich auch nicht, ich fürchte mich vor dem Alleinsein. Verurteilen sie mich nicht, Petja, … ich liebe Sie wie meinen eigenen Sohn. Gern würde ich Ihnen Anja zur Frau geben, ich schwör's Ihnen, aber Sie müßten Ihre Studien fortsetzen, mein Lieber, müßten das Examen machen. Sie tun nichts, lassen sich vom Schicksal bald dahin, bald dorthin schleudern … Das ist doch nichts Rechtes, nicht wahr? Und dann müßten sie auch etwas dafür tun, daß Ihr Bart wächst … *Lacht.* Sie sehen so komisch aus ohne Bart …

TROFIMOW *hebt das Telegramm auf.* Ich will kein Adonis sein.

LJUBOW ANDREJEWNA. Ein Telegramm aus Paris. Jeden Tag bekomme ich eins, gestern, und heute, und alle Tage. Dieser tollköpfige Mensch ist wieder krank, es geht ihm wieder schlecht … Er bittet mich um Verzeihung, fleht mich an, ich solle zu ihm zurückkommen, und von rechtswegen müßte ich auch wirklich nach Paris fahren und ihm beistehen. Sie blicken mich strafend an, Petja, doch was soll ich tun, mein Lieber, was soll ich tun? Er ist krank, er ist einsam und unglücklich – wer wird nach ihm sehen, wer wird ihn von seinen Torheiten zurückhalten, ihm zur rechten Zeit die Medizin reichen? Nun, und … warum soll ich's verschweigen? – Ich liebe ihn, ganz klar. Ich liebe ihn, liebe ihn … Das ist der Stein an meinem Halse, der mich auf den Grund zieht, aber ich liebe diesen Stein und kann ohne ihn nicht leben. *Drückt Trofimow die Hand.* Denken Sie nicht schlecht von mir, Petja, sagen Sie nichts, gar nichts …

TROFIMOW *unter Tränen.* Aber – verzeihen sie meine Offenheit – um Gottes Willen, er hat Sie doch ausgeplündert!

LJUBOW ANDREJEWNA. Nein, nein, nein, so dürfen Sie nicht sprechen … *Hält sich die Ohren zu.*

TROFIMOW. Er ist doch ein Schurke, Sie sind die einzige, die das nicht weiß! Er ist ein ganz erbärmlicher Wicht, ein Lump …

LJUBOW ANDREJEWNA *zornig, erregt, doch mit Selbstbeherrschung.* Sie sind sechs- oder siebenundzwanzig Jahre alt, und sprechen wie ein Schuljunge.

TROFIMOW. Was tut das?

LJUBOW ANDREJEWNA. Man muß ein Mann sein, in Ihrem Alter muß man Leute, die lieben, verstehen, und überhaupt – man muß auch selbst lieben. Verliebt muß man sein *Fast grimmig.* Ja, ja! Ihre Keuschheit ist keinen Pfifferling wert, Sie sind einfach eine komische alte Jungfer, eine lächerliche Mißgeburt …

TROFIMOW *entsetzt.* Was redet sie da?!

LJUBOW ANDREJEWNA. »Ich stehe über der Liebe.« Sie stehen nicht über der Liebe, sondern sind einfach, wie unser Firs sagt, ein Schlappmichel. In Ihren Jahren keine Geliebte zu haben! …

TROFIMOW *entsetzt.* Unglaublich! Was sind das für Reden? *Geht, sich an den Kopf fassend, rasch nach dem Saal zu.* Abscheulich! Ich ertrage das nicht! Ich gehe fort von hier … *Geht ab, kehrt jedoch sogleich wieder um.* Zwischen uns ist alles aus! *Ab nach dem Vorzimmer.*

LJUBOW ANDREJEWNA *ruft laut hinter ihm her.* Petja, so warten sie doch! Seien Sie doch nicht so komisch, ich habe ja nur gescherzt! Petja!

Man hört, wie jemand im Vorzimmer rasch die Treppe emporsteigt und dann plötzlich mit einem Krach herunterfällt. Anja und Warja schreien draußen laut auf, lachen jedoch gleich wieder.

LJUBOW ANDREJEWNA. Was gibt's denn?

ANJA *kommt hereingelaufen, lachend.* Petja ist von der Treppe gestürzt! *Läuft hinaus.*

LJUBOW ANDREJEWNA. Ein sonderbarer Mensch, dieser Petja. *Geht ins Vorzimmer.*

Der Stationsvorsteher tritt mitten in den Saal und liest die »Sünderin« von A. Tolstoj vor. Man hört ihm zu, kaum hat er jedoch ein paar Zeilen gelesen, als aus dem Vorzimmer die Akkorde eines Walzers ertönen und die Vorlesung jäh abgebrochen wird. Alle tanzen. Aus dem Vorzimmer kommen Trofimow, Anja, Warja und Ljubow Andrejewna.

LJUBOW ANDREJEWNA. Nun, Petja … nun, Sie reine Seele, ich bitte um Verzeihung … Kommen Sie, wir wollen tanzen …

Sie tanzt mit Petja. Auch Anja und Warja tanzen. Firs kommt herein und stellt seinen Stock neben eine Seitentür. Jascha kommt gleichfalls herein, geht nach dem Saaleingang und sieht den Tanzenden zu.

JASCHA. Nun, Großväterchen, wie geht's?

FIRS. Fühl' mich nicht recht wohl, ja. Früher tanzten auf unseren Bällen Generale, Barone, Admirale, und jetzt schicken wir nach dem Posthalter und dem Stationsvorsteher, und auch die machen sich nicht viel aus unsrer Einladung. Bin ein bißchen schwach geworden, ja. Unser seliger Herr, der Großvater, heißt da, hat uns alle mit Siegellack kuriert, was für 'ne Krankheit auch einer hatte. Ich nehme schon seit täglich eine Messerspitze voll Siegellack ein, das hält mich, glaub' ich, am Leben.

JASCHA. Bist recht langweilig, Alter. *Gähnt.* Könntest längst abgekratzt sein!

FIRS. Ach du, … Schlappmichel! *Murmelt vor sich hin.*

Trofimow und Ljubow Andrejewna tanzen erst im Saale und dann im Gesellschaftszimmer.

LJUBOW ANDREJEWNA. Merci. Ich will mich ein Weilchen hinsetzen … *Setzt sich.* Bin ganz müde geworden.

ANJA *tritt ein, erregt.* Eben erzählte ein Mann in der Küche, der Kirschgarten sei heute verkauft worden.

LJUBOW ANDREJEWNA. An wen?

ANJA Das hat er nicht gesagt … Er ist schon fort.

Tanzt mit Trofimow. Beide ab in den Saal.

JASCHA. Ein fremder Bauer hat sowas geschwatzt …

FIRS. Und Leonid Andreïtsch ist noch immer nicht da. Er hat einen ganz leichten Paletot an, eh' man sich's versieht, kann er sich erkälten. Ach, diese jungen Leute!

LJUBOW ANDREJEWNA. Das ist mein Ende! Gehen Sie, Jascha, erkundigen Sie sich, wer der Käufer ist.

JASCHA. Der Mann ist doch längst fort! *Lacht.*

LJUBOW ANDREJEWNA *mit leichtem Unwillen.* Warum lachen Sie denn? Worüber freuen Sie sich?

JASCHA. Epichodow ist so komisch. Ein zu dummer Kerl ... der Unglücksrabe!

LJUBOW ANDREJEWNA. Wohin wirst du gehen, Firs, wenn das Gut verkauft ist?

FIRS. Wohin Sie mich schicken, dahin geh' ich.

LJUBOW ANDREJEWNA. Wie siehst du denn aus? Bist du krank? Geh, leg' dich zu Bett.

FIRS. Ja ... *Spöttisch.* Ich werde zu Bett gehen – und wer wird hier nach dem Rechten sehen, servieren und so? Ich bin doch schließlich der einzige ...

JASCHA *zu Ljubow Andrejewna.* Ljubow Andrejewna, falls Sie nach Paris gehen – darf ich sie bitten, mich wieder mitzunehmen? Haben Sie die Güte! Hier kann ich auf keinen Fall bleiben, *Schaut um sich, halblaut.* Sie müssen doch selbst zugeben ... dieses ungebildete Land, das sittenlose Volk hier, und dann die Langeweile, das schlechte Essen in der Küche, der Firs mit seinem unpassenden Gemurmel ... Haben Sie die Güte, nehmen sie mich mit!

PISCHTSCHIK *kommt herein.* Darf ich so frei sein, meine Schönste ... zu einem Walzer ...

Ljubow Andrejewna geht mit ihm nach dem Saal zu.

PISCHTSCHIK. 180 Rubelchen müssen sie mir noch geben, Verehrteste ... 180 Rubel ...

Beide ab, nach dem Saal.

JASCHA *singt leise.* »Begreifst du, ach, die Sehnsucht meiner Seele ...«

Im Saal hüpft eine Gestalt in grauem Zylinder und gewürfeltem Kostüm mit den Armen fuchtelnd umher. Rufe: »Bravo, Scharlotta Iwanowna!«

DUNJASCHA *ist stehen geblieben, um sich rasch zu pudern.* Das Fräulein sagt, ich soll tanzen – es seien so wenig Damen da. Aber ich werde schwindelig vom Tanzen und bekomme Herzklopfen. Denken sie sich, Firs Nikolajewitsch, was mir eben der Posthalter sagte ... Der Atem stockte mir förmlich ...

Die Musik verstummt.

FIRS. Was hat er dir gesagt?

DUNJASCHA. Sie sind wie eine Blume, sagte er.

JASCHA *gähnt.* Ungebildetes Volk. *Ab.*

DUNJASCHA. Wie eine Blume … Ich bin so ein feines Mädchen; zu sehr liebe ich die zarten Worte …

FIRS. Laß dir nur nicht den Kopf verdrehen.

Epichodow kommt herein.

EPICHODOW. Sie wünschen mich nicht zu sehen, Awdotja Fjodorowna … als wenn ich irgendein Insekt wäre. *Seufzt.* Ach, ist das ein Leben!

DUNJASCHA. Was ist gefällig?

EPICHODOW. Vielleicht haben sie recht, zweifellos. *Seufzt.* Aber allerdings, von diesem Gesichtspunkt aus, wenn ich so sagen darf, verzeihen Sie das offene Wort: Sie selbst haben mich in diesen Geisteszustand gebracht. Ich kenne mein Schicksal, jeden Tag passiert mir irgendein Unglück, doch ich bin schon längst daran gewöhnt und blicke lächelnd auf mein Unglück. Sie haben mir Ihr Wort gegeben, und wenn ich auch …

DUNJASCHA. Bitte, wir reden später davon, jetzt lassen Sie mich in Frieden. Ich bin jetzt in träumerischer Stimmung. *Spielt mit dem Fächer.*

EPICHODOW. Mich trifft wohl jeden Tag ein Unglück, aber, wenn ich mir erlauben darf, es zu sagen: ich lächle, ja ich lache sogar darüber.

Warja kommt vom Saal her.

WARJA. Du bist noch immer da, Ssemjon? Du frecher Patron! *Zu Dunjascha.* Hinaus mit Dir, Dunjascha! *Zu Epichodow.* Du spielst Billard und zerbrichst das Queue, du spazierst hier herum wie ein geladener Gast …

EPICHODOW. Erlauben Sie mal, ich lass' mich nicht schikanieren!

WARJA. Ich schikaniere dich nicht, ich sage dir nur Bescheid! Du schlenderst herum, ohne was zu tun. Möcht' wissen, wozu wir einen Buchhalter brauchen!

EPICHODOW *beleidigt.* Ob ich arbeite, oder spazieren gehe, oder Billard spiele – das geht Sie gar nichts an! Dazu gehören ältere und verständigere Leute.

WARJA Das wagst du mir zu sagen?

Aufbrausend. Das nimmst du dir heraus? Ich bin dir nicht verständig genug? Scher' dich sofort hinaus! Augenblicklich!

EPICHODOW *eingeschüchtert.* Ich bitte sich delikater auszudrücken.

WARJA *außer sich.* Augenblicklich gehst du! Marsch hinaus! *Er geht zur Tür, sie folgt ihm.* Du Unglücksrabe! Daß ich dich nicht mehr sehe! *Epichodow geht hinaus, man hört hinter der Tür seine Stimme: »Ich werde mich über Sie beschweren«* Du bist noch nicht fort? *Nimmt den Stock, den Firs in die Ecke gestellt hat. Zu Tür hinaus.* Geh! ... Geh! ... Geh, oder ich ... Gehst du wohl? Gehst du? Nein? So ... da hast du ... *Führt einen Schlag; im gleichen Augenblick tritt Lopachin ein.*

LOPACHIN. Danke gehorsamst.

WARJA *halb ärgerlich, halb spöttisch.* Entschuldigen Sie ...

LOPACHIN. O bitte ... Danke gehorsamst für den freundlichen Empfang.

WARJA. Keine Ursache. *Geht zur Seite, sieht sich dann um und fragt mit weicher Stimme.* Hab' ich Ihnen wehgetan?

LOPACHIN. Durchaus nicht. Aber 'ne mächtige Beule wird's geben.

STIMME IM SAALE. Lopachin ist da! Jermolaj Alexeïtsch ...

PISCHTSCHIK. Da ist er ja! Willkommen! *Sie wechseln Küsse.* Du duftest aber stark nach Kognak, alter Freund. Nun, wir haben uns hier auch nicht gelangweilt.

Ljubow Andrejewna erscheint.

LJUBOW ANDREJEWNA. Sie sind's, Jermolaj Alexeïtsch? Warum so spät? Wo ist Leonid?

LOPACHIN. Leonid Andreïtsch ist mit mir gekommen, er wird gleich da sein ...

LJUBOW ANDREJEWNA *aufgeregt.* Nun, was ist? Hat der Termin stattgefunden? Reden sie doch!

LOPACHIN *verwirrt, fürchtet sich, seine Freunde zu verraten.* Der Termin war um vier Uhr zu Ende ... Wir haben den Zug versäumt und mußten bis halb neun warten. *Tief aufseufzend.* Uff! Ich bin ein bißchen benebelt ...

Gajew kommt herein; in der rechten Hand hält er allerhand Päckchen, mit der Linken wischt er sich die Tränen ab.

LJUBOW ANDREJEWNA. Nun, Ljonja, was ist? Sag' doch! *Ungeduldig, unter Tränen.* Rasch, um Gottes willen …

GAJEW *antwortet ihr nicht, zuckt nur die Achseln; weinend zu Firs.* Da, nimm … Anchovis und Heringe … Ich hab' heute nichts gegessen … Was ich gelitten habe! *Die Tür zum Billardzimmer steht offen; man hört das Zusammenschlagen der Bälle und Jaschas Stimme: »Sieben zu achtzehn!« Gajews Gesichtsausdruck wechselt, er weint nicht mehr.* Ich bin furchtbar müde … Ich möchte mich umkleiden, Firs. *Ab durch den Saal nach seinem Zimmer; Firs folgt ihm.*

PISCHTSCHIK. Was war bei dem Termin los? So erzähl' doch!

LJUBOW ANDREJEWNA. Ist der Kirschgarten verkauft?

LOPACHIN. Ja.

LJUBOW ANDREJEWNA. Wer hat ihn gekauft?

LOPACHIN. Ich.

Pause. Ljubow Andrejewna. ist niedergeschmettert; sie würde hinfallen, wenn sie sich nicht am Tisch festhielte. Warja nimmt den Schlüsselbund vom Gürtel, wirft ihn mitten ins Zimmer auf den Fußboden und geht ab.

LOPACHIN. Ich hab' ihn gekauft, ja … Entschuldigen Sie, Herrschaften … Das Reden fällt mir schwer, ich bin ein bißchen benommen *Lacht.* Wir kommen also zum Termin, Deriganow ist auch schon da. Leonid Andreïtsch hatte nur fünfzehntausend Rubel, Deriganow aber bot gleich dreißigtausend mehr, als die Schuld beträgt. Ich sehen, die Sache kann schiefgehen, und sage vierzigtausend. Er bietet fünfundvierzig, ich fünfundfünfzig, und so legt er immer fünf zu und ich zehn … Na, schließlich kam das Ende, ich bot neunzig über die Schuldsumme und erhielt den Zuschlag. Der Kirschgarten ist jetzt mein! Mein! *Lacht laut.* Mein Gott und Herr, der Kirschgarten ist mein! So sagt mir doch, ich sei betrunken, ich sei verrückt, ich träume das alles nur! *Stampft mit den Füßen auf.* Lacht nicht über mich! Mein Vater und Großvater müßten jetzt aus dem Grabe aufstehen, müßten sich's ansehen, wie ihr Jermolaj, der soviel Prügel bekommen hat, der kaum lesen und schreiben kann, der im Winter barfuß gelaufen ist, wie dieser selbe Jermolaj sich das schönste Gut

gekauft hat, das auf Gottes Erdboden existiert. Dasselbe Gut hab'
ich gekauft, auf dem mein Vater und Großvater leibeigene Knechte
waren, die nicht mal die herrschaftliche Küche betreten durften. Es
kann ja nicht sein ... ich schlafe wohl, ich sehe das alles nur im
Traum ... Eine Frucht meiner Einbildung ist's nur, nichts weiter
... *Hebt die Schlüssel auf, gerührt lächelnd.* Da hat sie nun die
Schlüssel hingeworfen ... will zeigen, daß sie hier nicht mehr die
Wirtschaft führt ... *Läßt den Schlüsselbund erklirren.* Nun, meinet-
wegen. *Man hört das Orchester die Instrumente stimmen.* Heda,
Musikanten, spielt auf! Ich will euch hören! Kommt alle her und
seht zu, wie Jermolaj Lopachin mit der Axt durch den Kirschgarten
fährt, wie die Bäume zu Boden stürzen! Sommerhäuschen wollen
wir hier errichten, unsere Enkel und Urenkel werden hier ein neues
Leben schauen ... Heda, Musik!

*Die Musik spielt. Ljubow Andrejewna ist in einen Sessel gesunken
und weint bitterlich.*

LOPACHIN *im Tone des Vorwurfs.* Warum haben Sie nicht auf mich
gehört? Meine Ärmste, Beste – nun heißt es für sie scheiden! *Unter
Tränen.* Ach, wenn das alles doch bald anders würde! Wenn doch
unser verpfuschtes Leben sich so oder so wandeln wollte!

PISCHTSCHIK *nimmt seinen Arm, halblaut.* Sie weint. Wir wollen
in den Saal gehen, sie allein lassen ... *Nimmt seinen Arm und
schreitet nach dem Saal zu.*

LOPACHIN. Was ist denn das? Die Musik soll lauter spielen! Alles
soll jetzt nach meiner Pfeife tanzen! *Ironisch.* Der neue Gutsbesitzer
kommt, der Herr des Kirschgartens! *Stößt gegen einen Sessel, wirft
beinahe einen Kandelaber um.* Ich kann alles bezahlen! *Ab mit
Pischtschik.*

*Im Saal und Gastzimmer ist niemand außer Ljubow Andrejewna,
die ganz in sich gekehrt dasitzt und bitterlich weint. Die Musik
spielt leise. Anja und Trofimow kommen rasch herein. Anja tritt
an die Mutter heran und sinkt vor ihr in die Knie. Trofimow bleibt
am Saaleingang.*

ANJA. Du weinst, Mama? ... Meine liebe, gute Herzensmama, meine
treffliche Mama, ich liebe dich ... ich segne dich ... Der Kirschgarten ist verkauft, ist hin, das ist wahr – aber weine darum nicht,

denn sieh: dir ist doch noch ein Stück Leben, dir ist deine herrliche, reine Seele geblieben ... Komm mit mir, komm meine Liebe ... wir gehen von hier fort! Wir wollen einen neuen Kirschgarten pflanzen, der noch schöner sein wird, als dieser da, und du wirst ihn sehen, wirst alles begreifen. Eine stille, tiefe Freude wird sich in deine Seele senken, wie der Sonnenschein in die Abendstunde fällt, und du wirst lächeln, Mama. Komm, Liebste, komm! ...

Vorhang

Vierter Aufzug.

Einrichtung des ersten Aufzuges. Die Fenstervorhänge und Bilder sind abgenommen, die wenigen noch vorhandenen Möbel sind wie zum Verkauf in eine Ecke geschoben. Man hat das Gefühl der Leere. Neben der Ausgangstür und im Hintergrund der Bühne Reisekoffer, Bündel usw. Die Tür links steht offen, man hört von dort her Anjas und Warjas Stimme. Lopachin steht wartend da. Jascha hält ein Präsentierbrett mit gefüllten Sektgläsern. Im Vorzimmer ist Epichodow dabei, eine Kiste zuzuschnüren. Hinter der Bühne Lärm, die Bauern sind gekommen, um abschied zu nehmen, Gajews Stimme: »Ich danke euch, meine Lieben, ich dank' euch.«

JASCHA. Die Bauern sind da zum Abschiednehmen. Ein gutmütiges Volk, aber dumm, das ist meine Meinung, Jermolaj Alexeïtsch.

Der Lärm verstummt. Durchs Vorzimmer treten Ljubow Andrejewna und Gajew ein; sie weint nicht, ist jedoch bleich, ihr . Gesicht bebt, und sie kann nicht sprechen.

GAJEW. Du hast ihnen dein Portemonnaie gegeben, Ljuba. Das hättest du nicht tun sollen, auf keinen Fall!

LJUBOW ANDREJEWNA. Warum nicht? Ich konnte nicht anders ... *Beide ab.*

LOPACHIN *hinter ihnen her, geht nach der Tür zu.* Darf ich gehorsamst bitten? Ein Gläschen Champagner zum Abschied? Ich hatte ganz vergessen, aus der Stadt welchen mitzubringen, aber auf dem Bahnhof hab' ich noch eine Flasche aufgetrieben. Bitte sehr! *Pause.* Nun, Herrschaften, ist's nicht gefällig? *Wendet sich ab von der Tür.* Hätt' ich das gewußt, dann hätt' ich keinen gekauft. Nun, auch ich mag nicht trinken. *Jascha stellt das Präsentierbrett vorsichtig auf einen Stuhl.* Trink' du wenigstens, Jascha.

JASCHA. Zum Abschied! Auf Ihr Wohl! *Trinkt.* Der Champagner ist nicht echt, kann ich Ihnen sagen.

LOPACHIN. Acht Rubel kostet die Flasche. *Pause.* Verdammt kalt ist es hier.

JASCHA. Es ist heut' nicht geheizt, wir reisen doch alle ab. *Lacht.*

LOPACHIN. Warum lachst du?

JASCHA. Ich freu' mich.

LOPACHIN. Wir haben schon Oktober, und die Sonne scheint so mild wie im Sommer. Es gibt einen schönen Herbst. *Sieht auf die Uhr; nach der Tür zu.* Herrschaften, vergessen Sie nicht, es sind nur noch 47 Minuten bis zur Abfahrt. In zwanzig Minuten müssen wir fort von hier. Beeilen Sie sich!

Trofimow, im Paletot, kommt vom Hofe her.

TROFIMOW. Ich glaube, es ist Zeit zu fahren, die Wagen sind schon bereit. Weiß der Teufel, wo meine Gummischuhe stecken – sind einfach verschwunden. *Nach der Tür zu.* Anja, ich kann meine Gummischuhe nicht finden.

LOPACHIN. Ich muß nach Charkow. Ich fahre mit demselben Zuge wie Sie. In Charkow bleib' ich den ganzen Winter. Hier hab' ich nur geschwatzt und die Zeit totgeschlagen. Ich halt's ohne Arbeit nicht aus, die Arme baumeln mir dann so am Leibe, als ob sie einem anderen gehörten.

TROFIMOW. Sie gehen also gleich wieder an Ihre so überaus nützliche Beschäftigung?

LOPACHIN. Trink doch ein Gläschen!

TROFIMOW. Muß sehr danken.

LOPACHIN. Du fährst jetzt nach Moskau?

TROFIMOW. Ja, ich fahre mit den andern zur Stadt, und morgen geht's nach Moskau.

LOPACHIN. So … Die Professoren warten wohl mit ihren Vorlesungen so lange, bis du da bist?

TROFIMOW. Kümmere dich um deine Angelegenheiten.

LOPACHIN. Wie lange studierst du eigentlich schon, alter Junge?

TROFIMOW. Schwatz' kein dummes Zeug. *Sucht seine Gummischuhe.* Hör' mal – wir werden uns kaum jemals wiedersehen, da möcht' ich dir zum Abschied einen guten Rat geben: fuchtle nicht immer so mit den Armen herum! Gewöhn' dir das ab! Auch deinen Parzellierungsplan laß lieber fallen, aus deinen Sommergästen können nie richtige Landwirte werden. Ist auch nur so ein Herumfuchteln, dieser Plan … Na, wie dem auch sei, du bist jedenfalls ein lieber Kerl. Was für feine Hände du übrigens hast, richtige Künstlerhände, und auch eine feine, zarte Seele …

LOPACHIN *umarmt ihn.* Leb' wohl, mein Lieber. Hab' Dank für alles. Wenn du Geld brauchst – ich stehe dir zu Diensten ...

TROFIMOW. Wozu? Ich brauche kein Geld.

LOPACHIN. Du hast doch nichts.

TROFIMOW. Doch, ich habe ein Buch übersetzt und dafür Honorar bekommen. Hier in der Tasche hab' ich's. *Besorgt.* Meine Gummischuhe sind einfach verschwunden.

WARJA *aus dem Nebenzimmer.* Hier sind Ihre Latschen! *Wirft ein Paar Gummischuhe auf die Bühne*

TROFIMOW. Warum so wütend, Warja? ... Das sind nicht meine Schuhe.

LOPACHIN. Ich hab' im Frühjahr tausend Hektar mit Mohn bestellt und daran glatt vierzigtausend Rubel verdient. Wie mein Mohn blühte – was war das für ein Bild! Vierzigtausend Rubel ... nimm doch, ich borg' dir, soviel du willst. Ich hab's dazu. Bin zwar nur von einfachem Bauernstande ...

TROFIMOW. Dein Vater war ein Bauer und meiner Apotheker. Das will gar nichts besagen. *Lopachin zieht seine Brieftasche heraus.* Laß nur, laß. Und wenn du mir hunderttausend Rubel gibt's, ich nehme sie nicht. Ich bin ein freier Mensch – was Ihr alle miteinander, ob reich oder arm, so hoch schätzt, übt auf mich nicht die geringste Macht aus. Wie eine Flocke im Winde – nicht höher bewerte ich's. Ich brauche euch nicht, kann mich ohne euch behelfen, denn ich bin stark und stolz. Die Menschheit schreitet der höchsten Wahrheit, dem höchsten Glück entgegen, das nur auf Erden möglich ist, und sich schreite in den ersten Reihen.

LOPACHIN. Wirst du ans Ziel kommen?

TROFIMOW. Unbedingt *Pause.* Ich werde ans Ziel kommen, oder ich werde doch andern den Weg ins Ziele weisen.

Man hört aus der Ferne Axthiebe, die gegen einen Baumstamm geführt werden.

LOPACHIN. Nun, leb' wohl, mein Junge. Es ist Zeit, daß wir fahren. Wir rümpfen voreinander die Nase, und das Leben geht seinen eigenen Gang. Wenn ich so in einem fort arbeite, ohne Ermatten, dann wird mir das Denken leichter, und es ist mir, als ob auch ich wüßte, weshalb ich auf der Welt bin. Wieviel Menschen gibt's aber in Rußland, von denen man nicht weiß, warum sie eigentlich da sind! Na, lassen wir sie … Leonid Andreïtsch soll eine Stelle bei der Bank angenommen haben, mit sechstausend Rubeln jährlich … Wenn er nur Ausdauer genug hat, er ist faul …

ANJA *in der Tür.* Mama läßt bitten, man möchte mit dem Baumfällen warten, bis sie fort ist.

TROFIMOW. Ja, wirklich … so viel Takt muß man doch besitzen … *Ab durch das Vorzimmer.*

LOPACHIN. Gleich, gleich … daran denkt das Volk nicht. *Hinter ihm ab.*

ANJA Hat man Firs ins Krankenhaus gebracht?

JASCHA. Ich hab's heute morgen gesagt. Ich denk' doch, er ist hingebracht worden.

ANJA *zu Epichodow, der durchs Zimmer geht.* Ssemjon Panteleïtsch, erkundigen Sie sich doch, bitte, ob Firs ins Krankenhaus gekommen ist.

JASCHA *beleidigt.* Ich hab's doch Jegor gesagt! Wozu erst lange erkundigen?

EPICHODOW. Der alte Firs taugt nicht mehr zur Reparatur, das ist meine feste Überzeugung. Der sollte getrost das Zeitliche segnen … ich würde ihn darum nur beneiden. *Stellt einen Koffer auf einen Hutkarton, den er eindrückt.* Da haben wir's … ich wußte es ja! *Ab.*

JASCHA *spöttisch.* Der Unglücksrabe!

WARJA *hinter der Tür.* Ist Firs ins Krankenhaus gekommen?

ANJA. Ja.

WARJA. Warum hat man den Brief an den Arzt nicht mitgenommen?

ANJA. Der muß nachgeschickt werden … *Ab.*

WARJA *aus dem anstoßenden Zimmer.* Wo ist Jascha? Sagt ihm, seine Mutter sei da und wolle sich von ihm verabschieden.

JASCHA *mit wegwerfender Handbewegung.* Die konnte auch bleiben, wo sie war.

DUNJASCHA *die sich während der ganzen Zeit am Gepäck zu schaffen gemacht hat, tritt nun, da dieser allein ist, an diesen heran.* Wenn Sie noch wenigstens mal nach mir hergesehen hätten, Jascha. Sie reisen ab, lassen mich sitzen … *Wirft sich ihm weinend an den Hals.*

JASCHA. Was hilft das Weinen? *Trinkt Champagner.* In sechs Tagen bin ich wieder in Paris. Morgen setzen wir uns in den Kurierzug und sausen los, hast du nicht gesehen! Man soll's kaum für möglich halten. Vive la France! Hier fühl' ich mich nicht wohl, 's ist nichts für mich hier, alles zu ungebildet. *Trinkt Champagner.* Was soll denn das Heulen? Führen Sie sich anständig auf, dann brauchen Sie nicht zu weinen.

DUNJASCHA *putzt sich, sieht in den Spiegel.* Schreiben Sie mir doch aus Paris. Ich habe Sie ja so geliebt, Jascha, so geliebt! Ich bin ein so zartes Geschöpf, Jascha!

JASCHA. Man kommt. *Macht sich leise singend an dem Gepäck zu schaffen.*

Ljubow Andrejewna, Gajew Anja und Scharlotta Iwanowna kommen herein.

GAJEW. Wir müssen fahren. 's ist nur noch ganz wenig Zeit. *Sieht Jascha an.* Wer riecht denn hier so nach Heringen?

LJUBOW ANDREJEWNA. In zehn Minuten müssen wir weg ... *Läßt ihren Blick durch das Zimmer schweifen.* Leb' wohl, du mein liebes altes Haus! Nun kommt der Winter, und wenn's wieder Frühjahr wird, bist du nicht mehr ... abtragen werden sie dich! Was haben diese Wände nicht alles gesehen! *Küßt ihre Tochter zärtlich.* Mein einziges, süßes Mädchen! Du strahlst so, deine Augen blitzen wie zwei Diamanten. Bist du zufrieden? Ja?

ANJA. Ja, Mama, sehr! Ein neues Leben beginnt.

GAJEW *heiter.* In der Tat, jetzt ist alles im Lot! Solange der Kirschgarten nicht verkauft war, waren wir alle so aufgeregt, so unglücklich, und als die Frage entschieden und kein Zurück mehr möglich war, haben sich alle beruhigt und sind wieder munter geworden. Ich bin jetzt Bankbeamter, Finanzmann ... den Gelben in die Mitte! Auch du, Ljuba, siehst entschieden viel vergnügter aus.

LJUBOW ANDREJEWNA. Ja, meine Nerven sind ruhiger, das stimmt. *Man reicht ihr Hut und Mantel.* Ich schlafe auch besser. Bringen sie meine Sachen nach dem Wagen, Jascha. Es ist Zeit. *Zu Anja.* Wir sehen uns bald wieder, mein liebes Kind. Ich fahre nach Paris ... will dort von dem Gelde leben, das die Tante aus Jaroslawl zum Ankauf des Gutes geschickt hat. Die gute Tante – hoch soll sie leben! Lange wird's freilich nicht reichen ...

ANJA. Du kommst recht bald zurück – nicht wahr, Mama? Ich werde mich vorbereiten, werde mein Gymnasialexamen machen und dann fleißig arbeiten und dich unterstützen. Wir werden zusammen allerhand schöne Bücher lesen – nicht wahr? *Küßt ihrer Mutter die*

Hände. An den langen Herbstabenden werden wir so viel, so viel lesen, eine neue Wunderwelt wird sich vor unsern Augen auftun ... *Sinnend.* Du kommst doch, Mama? ...

LJUBOW ANDREJEWNA. Gewiß, mein Goldkind, ich komme. *Umarmt die Tochter.*

Lopachin tritt ein. Scharlotta singt leise ein Lied.

GAJEW. Glückliche Scharlotta, sie kann noch singen!

SCHARLOTTA *nimmt ein Bündel in den Arm, das wie ein Kind im Tragkissen aussieht.* »Schlaf, Kindchen, Schlaf, ...« *Man hört das Weinen des Kindes: Uah! uah!* Nur hübsch still, mein liebes, süßes Kindchen! *Uah! uah!* Nein, wie du mir leid tust! *Wirft das Bündel an seinen Platz zurück. Zu Lopachin.* Also, nicht wahr, Sie besorgen mir eine Stelle? Ich kann nicht so in der Welt herumwimmeln.

LOPACHIN. Gewiß, liebe Scharlotta, seien Sie unbesorgt.

GAJEW. Alles verläßt uns, auch Warja geht fort ... Wir sind plötzlich überflüssig geworden.

SCHARLOTTA. Was soll ich bei Ihnen in der Stadt? Ich muß mir doch was suchen *singt leise.*

Pischtschik kommt herein.

LOPACHIN. Seht doch! Der fehlte jetzt noch!

PISCHTSCHIK *außer Atem.* Laßt mich erst Atem schöpfen ... Ganz kaput bin ich ... ein Glas Wasser ...

GAJEW. Du willst wohl einen Pump anlegen? Dafür bin ich nicht zu haben, alter Freund. *Ab.*

PISCHTSCHIK. Ganz im Gegenteil – da! *Zieht ein Päckchen Banknoten aus der Tasche. Zu Lopachin.* Auch du bist hier? Freut mich sehr, dich zu sehen. ... da, nimm ... *Gibt Lopachin Geld.* Vierhundert Rubel ... da, nimm ... achthundertvierzig als Restschuld ...

LOPACHIN *zuckt verdutzt die Achseln.* Wie im Traume ... woher hast du's denn auf einmal?

PISCHTSCHIK. Eine ganz tolle Geschichte ... Kommen da ein paar Engländer zu mir, fangen an zu buddeln und finden irgend 'ne weiße Tonsorte ... *Zu Ljubow Andrejewna.* Da, hier haben Sie auch vierhundert, meine Allerschönste ... *Gibt ihr Geld.* Der Rest folgt später ... Gott, ist mir heiß ... Gebt mir doch einen Schluck Wasser!

LOPACHIN. Was für Engländer waren denn das?

PISCHTSCHIK. Das erzähl' ich Ihnen nächstens ... kamen einfach, pachteten ein Stück Land auf vierundzwanzig Jahre und zahlten ... Jetzt hab' ich keine Zeit ... ich muß noch zu Snojkow, zu Kardamonow ... allen bin ich Geld schuldig ... *Trinkt.* Am Donnerstag sprech' ich wieder vor ...

LJUBOW ANDREJEWNA. Wir ziehen heute um, nach der Stadt ... und ich fahre morgen ins Ausland ...

PISCHTSCHIK *bestürzt.* Was? Warum nach der Stadt? 's ist ja wahr ... die Möbel ... die Reisekoffer ... Nun, 's ist mal nicht zu ändern. *Unter Tränen.* 's ist mal so ... Aber diese Engländer, was? Die Kerle haben einen Grips ... 's ist mal nicht zu ändern ... Lassen Sie sich's gut gehen ... Gott wird Ihnen weiterhelfen ... 's ist mal nicht zu ändern ... Alles in der Welt hat ein Ende ... *Küßt Ljubow Andrejewna die Hand.* Wenn Sie mal was läuten hören, daß ich abgekratzt bin, dann denken sie zurück an mich altes Pferd und sprechen Sie im stillen: »Ach ja, der Ssimeonow-Pischtschik – na, Gott hab' ihn selig!« Ein wunderbares Wetter ... ja ... *Entfernt sich in heftiger Gemütsbewegung, doch kehrt er sogleich wieder zurück; in der Tür.* Daschenjka läßt sich Ihnen übrigens bestens empfehlen! *Ab.*

LJUBOW ANDREJEWNA. Jetzt könnten wir eigentlich fahren. Nur zwei Sorgen drücken mich noch; erstens der kranke Firs ... *Sieht auf die Uhr.* Noch fünf Minuten ...

ANJA. Firs ist gut aufgehoben, Mama. Jascha hat ihn heute morgen ins Krankenhaus gebracht.

LJUBOW ANDREJEWNA. So ... dann bliebe nur noch Warja, die macht mir wirklich Kummer. Sie ist gewöhnt, früh aufzustehen und zu arbeiten, und jetzt, so ohne Beschäftigung, wird sie sich vorkommen wie ein Fisch auf dem Sand. Das arme Mädel weint in einem fort, ganz mager und blaß ist sie geworden ... *Pause.* Sie müssen das doch auch sehen, Jermolaj Alexeïtsch; ich dachte, Sie beide einmal als Paar zu sehen ... es sah immer so aus, als hätten Sie Heiratsabsichten. *Flüstert Anja und Scharlotta etwas zu, die hierauf verschwinden.* Sie hat sie gern, sie gefällt Ihnen – ich weiß nicht, weshalb Sie so beide einander aus dem Weg gehen. Ich verstehe das einfach nicht!

LOPACHIN. Auch ich versteh's nicht, offen gestanden. Das ist alles so komisch ... Wenn's noch nicht zu spät ist – ich bin sofort bereit.

Machen wir's mit einemmal ab, basta. Wenn Sie mir nicht beistehen, bring' ich's nie fertig, ihr einen Antrag zu machen.

LJUBOW ANDREJEWNA. Ausgezeichnet! Die Sache dauert eine Minute, nicht länger. Ich rufe sie sofort ...

LOPACHIN. Auch Champagner ist da. *Sieht nach den Gläsern.* Alles leer – 's ist schon jemand drüber gewesen ...

Jascha hustet.

LOPACHIN. Irgendein Leckermaul ...

LJUBOW ANDREJEWNA *lebhaft.* Famos! Wir gehen hinaus ... Jascha allez! Ich werde sie rufen ... *Zur Tür hinaus.* Warja, laß alles liegen, komm her! Rasch! *Ab mit Jascha.*

LOPACHIN *sieht nach der Uhr.* Ja ... *Pause.*

Hinter der Tür verhaltenes Lachen und Flüstern. Warja tritt endlich ein.

WARJA *tut, als ob sie etwas zwischen dem Reisegepäck suchte.* Das ist doch sonderbar ... ich kann's nicht finden ...

LOPACHIN. Was suchen sie denn?

WARJA. Ich hab's selbst hergelegt – und weiß nur nicht, wohin. *Pause.*

LOPACHIN. Was fangen sie nun an, Warwara Michailowna?

WARJA. Ich? Zu Ragulins hab' ich mich vermietet, als Wirtschafterin ...

LOPACHIN. Nach Jaschnjewo? Das liegt an siebzig Werst von hier ab. *Pause.* Na, und in diesem Hause ist alles zu Ende ...

WARJA *sieht immer noch nach den Sachen.* Wo mag's nur stecken? ... Vielleicht hab ich's auch in den Koffer gelegt ... Ja, in diesem Hause ist alles zu Ende ... das Leben hier ist aus ...

LOPACHIN. Und ich fahre nach Charkow, mit dem Zuge jetzt ... Geschäfte ... Hier auf dem Hofe lass' ich Epichodow, ich hab' ihn engagiert ...

WARJA. So.

LOPACHIN. Im vorigen Jahre fiel um diese Zeit bereits Schnee, erinnern Sie sich? Und diesmal haben wir einen sonnigen Herbst. Nur etwas frisch ist's. Der Grad Kälte waren heute früh ...

WARJA. Ich hab' nicht nachgesehen. *Pause.* Unser Thermometer ist übrigens entzwei. *Pause.*

EINE STIMME *von der Tür her, aus dem Hofe.* Jermolaj Alexeïtsch!

LOPACHIN *als ob er auf diesen Ruf längst gewartet hätte.* Ja ... gleich ... *Rasch ab.*

WARJA *setzt sich auf den Fußboden, legt den Kopf auf ein Wäschebündel und schluchzt still in sich hinein. Die Tür geht auf, und Ljubow Andrejewna tritt leise ein.*

LJUBOW ANDREJEWNA. Nun? *Pause.* Wir müssen fort.

WARJA *weint nicht mehr, hat ihre Augen getrocknet.* Ja, es ist Zeit, Mamachen. Ich fahre heute gleich zu Ragulins, daß ich nur den Zug nicht verpasse ...

LJUBOW ANDREJEWNA *zur Tür hinaus.* Anja! Zieh dich an!

Anja tritt ein, dann Gajew und Scharlotta Iwanowna. Gajew trägt einen warmen Paletot mit Kapuze. Diener und Kutscher. Epichodow macht sich an dem Gepäck zu schaffen.

LJUBOW ANDREJEWNA. Nun geht's in die weite Welt!

ANJA *freudig.* In die weite Welt!

GAJEW. Meine Freunde, meine lieben, teuren Freunde! In dem Augenblick, da wir dieses Haus für immer verlassen, möcht' ich ein paar Worte zum abschied sagen. Ich kann nicht umhin, die Gefühle zum Ausdruck zu bringen, die heute mein ganzes Wesen erfüllen ...

ANJA *bittend.* Onkel!

WARJA. Nicht doch, Onkelchen!

GAJEW *düster.* Dublee auf den Gelben, in die Mitte ... Ich schweige schon ...

Trofimow tritt ein, dann Lopachin.

TROFIMOW. Nun, Herrschaften, 's ist höchste Zeit!

LOPACHIN. Epichodow, meinen Paletot!

LJUBOW ANDREJEWNA. Ich will noch einen Augenblick sitzen bleiben. Diese Wände, diese Decke ... mir ist, als hätte ich sie nie vorher gesehen, ich schaue sie jetzt mit so heißer Begierde an, mit so zärtlicher Liebe ...

GAJEW. Ich erinnere mich noch, als ich sechs Jahre alt war, am Dreifaltigkeitsfest – da saß ich dort auf dem Fenster und schaute meinem Vater nach, wie er zur Kirche ging ...

LJUBOW ANDREJEWNA. Sind die Sachen auch alle richtig verladen?

LOPACHIN. Ich denke, ja. *Zu Epichodow, während er den Paletot anzieht.* Sorg' nur dafür, Epichodow, daß alles hübsch in Ordnung ist.

EPICHODOW *mit heiserer Stimme.* Sie können ganz unbesorgt sein, Jermolaj Alexeïtsch.

LOPACHIN. Wovon bist du so heiser?

EPICHODOW. Ich hab' eben Wasser getrunken, da hab' ich mich verschluckt.

JASCHA *verächtlich.* So ein Esel!

LJUBOW ANDREJEWNA. Hier bleibt nun, wenn wir weg sind, nicht eine lebendige Seele ...

LOPACHIN. Ja, bis zum Frühjahr ...

WARJA *zieht aus einem Bündel einen Schirm hervor – es sieht aus, als wolle sie zum Schlage ausholen; Lopachin stellt sich erschrocken.* Nicht doch, was ist Ihnen denn? Ich hatte nichts Arges im Sinn.

TROFIMOW. Herrschaften, rasch einsteigen! Wir verpassen sonst den Zug.

WARJA. Hier sind Ihre Gummischuhe, Petja – da, neben dem Koffer. *Unter Tränen.* Was für schmutzige alte Latschen!

TROFIMOW *zieht die Gummischuhe an.* Gehen wir, Herrschaften!

GAJEW *in heftiger Rührung, hält mit Mühe die Tränen zurück.* Der Zug ... die Station ... Den Roten in die Mitte, den Weißen mit einem Dublee in die Ecke ...

LJUBOW ANDREJEWNA. Gehen wir!

LOPACHIN. Sind alle da? Ist niemand mehr im Haus? *Verschließt die Seitentür links.* Hier sind die Sachen, es muß abgeschlossen werden. Gehen wir!

ANJA. Leb' wohl, liebes Haus! Leb' wohl, altes Leben!

TROFIMOW. Willkommen, neues Leben!

Ab mit Anja. Warja läßt ihren Blick durch das Zimmer schweifen und geht langsam ab. Hinter ihr her Jascha und Scharlotta mit ihrem Hündchen.

LOPACHIN. Also bis zum Frühjahr, Herrschaften, auf Wiedersehen!
...

Ljubow Andrejewna und Gajew sind allein geblieben. Sie scheinen auf diesen Augenblick nur gewartet zu haben, fallen einander um den Hals und schluchzen leise, verhalten, um draußen nicht gehört zu werden.

GAJEW *verzweifelt.* Schwester! Liebe Schwester!
LJUBOW ANDREJEWNA. O du mein lieber, schöner, herziger Garten!
... Mein Leben, meine Jugend, mein Glück, lebt wohl ... Lebt wohl!
ANJAS STIMME *heiter, lockend.* Mama! ...
TROFIMOWS STIMME *heiter, gut gelaunt.* A–uh!
LJUBOW ANDREJEWNA. Noch ein letzter Blick auf die Wände, die Fenster ... Wie unsere selige Mutter dieses Zimmer liebte!
GAJEW. Schwester, meine liebe Schwester!
ANJAS STIMME. Mama! ...
TROFIMOWS STIMME. A–uh! ...
LJUBOW ANDREJEWNA. Wir kommen!

Beide ab. Die Bühne ist leer. Man hört, wie alle Türen abgeschlossen werden, und wie die Wagen dann abfahren. Es wird still, nur das dumpfe, einförmige traurig aufschlagende Hallen der Axt auf die Baumstämme läßt sich in dem Schweigen vernehmen. Plötzlich hört man Schritte. In der Tür rechts erscheint Firs. Er trägt, wie immer, Jacket und weiße Weste; seine Füße stecken in Pantoffeln, er ist krank.

FIRS *geht nach der Ausgangstür und hebt die Klinke an.* Zugeschlossen! Sie sind weggefahren ... *Setzt sich auf den Diwan.* Mich haben sie vergessen ... Tut nichts, ich bleib' hier sitzen ... Leonid Andreïtsch ist sicher wieder im Paletot gefahren, statt den Pelz zu nehmen. *Stößt einen sorgenvollen Seufzer aus.* Diese jungen Leute ... wenn ich nicht zum Rechten sehe! *Murmelt etwas Unverständliches vor sich hin.* Das Leben ist nun hin ... als ob man gar nicht gelebt hätte! *Legt sich hin.* Will mich ein Weilchen hinlegen ... Es steckt keine Kraft mehr in dir, Alter, nichts mehr los, rein gar nichts ... Ach, du ... alter Schlappmichel ... *Liegt unbeweglich da.*

*Man hört einen fernen, wie vom Himmel kommenden Laut,
ersterbend, traurig, an den Ton einer gesprungenen Laute
erinnernd. Dann folgt eine tiefe Stille, die nur das aufschlagen der
Axt tief im Garten unterbricht.*

Vorhang.

Biographie

1860	*17. Januar:* Anton Pawlowitsch Tschechow wird in dem kleinen Seehafen von Taganrog, Ukraine, als Sohn von einem Lebensmittelhändler und Enkel eines Leibeigenen, der seine eigene Freiheit gekauft hat, geboren. Tschechows Mutter ist Yevgenia Morozov, die Tochter eines Tuchhändlers. Tschechows Kindheit wird von der Tyrannei seines Vaters, von religiösem Fanatismus und von langen Nächten in dem Geschäft überschattet, das von fünf Uhr morgens bis Mitternacht geöffnet ist.
1867–1868	Er besucht eine Schule für griechische Jungen in Taganrog und das Gymnasium in Taganrog.
1879	Er folgt nach dem Abitur der schon vorausgezogenen Familie nach Moskau. Dort nimmt er ein Medizinstudium auf.
1882	»Nenuzhnaya-Pobeda« erscheint.
1883	»Smert' cinovnika« (»Tod eines Beamten«), Kurzgeschichte.
1884	*Juni:* Er schließt mit dem Arztdiplom ab. »Drama-Na-Okhote«, (»Die Schießfeier«).
Seit 1880	Er veröffentlicht seine ersten Werke. Noch während der Schule, fängt er an, Hunderte von komischen Kurzgeschichten zu veröffentlichen, um sich und seine Mutter, Schwestern und Brüder zu unterstützen. Sein Verlag in diesem Zeitraum ist der von Nicholas Leikin, Besitzer der Sankt Petersburger Zeitung »Oskolki« (Splitter).
1885	*Dezember:* Er knüpft in St. Petersburg Kontakte zu Suvorin, der ihm seine Zeitschrift »Novoe vremja« öffnet. Er wird langsam aber sicher bekannt.
1886	»Tolstyj i tonkij« (»Der Dicke und der Dünne«), Kurzgeschichte. »Toska« (»Gram«), Erzählung.
1887	Erste Arbeiten für das Theater erfolgen; Tschechow wird Mitglied der Gesellschaft der russischen dramatischen Schriftsteller und Opernkomponisten.

1888	Die erste Auszeichnung ist der Puškin-Preis für den Sammelband »In der Dämmerung«.
	Den Sommer verbringt Tschechow im Süden.
	»Medved'« (»Der Bär«), Komödie.
1889	Er betreut seinen sterbenden Bruder Nikolaj und hält sich anschließend länger in Odessa und Jalta auf.
	Die in diesem Jahr geschriebene Komödie »Der Waldschrat« wird ein Mißerfolg.
	»Step: Istorija odnoj poezdki« (»Die Steppe. Geschichte einer Reise«), Erzählung.
1890	Tschechow unternimmt ab April eine siebeneinhalbmonatige Reise nach Sachalin.
1891	Er reist mit Suvorin für mehrere Wochen nach Italien und Paris.
	Als in Zentralrußland Hungersnöte ausbrechen, ist Tschechow bei der Organisation von Hilfsmaßnahmen aktiv, später engagiert er sich in der Zemstvo von Serpuchov als Arzt. Dort hat er sich das Gut Melichovo gekauft.
1892	»Duél'« (»Das Duell«), Erzählung.
	»Palata No. 6« (»Krankensaal Nr. 6«), Erzählung.
1894	Tschechow ist wieder in Jalta und Italien.
1896	Er richtet später auf dem Gut Melichovo auch eine Schule ein.
	Die Komödie »Cajka« ist zunächst ein Mißerfolg.
	»Ariadna«.
1897	Er muss sich wegen ernsthafter gesundheitlicher Probleme (Bluthusten) in eine Klinik einweisen lassen. Erneute Auslandsreise.
1898	Das Stück »Cajka« wird zu einem Erfolg. Tschechow hält sich überwiegend auf der Krim auf, wo er sich bei Jalta ein Haus kauft.
1899	Ein Jahr später erscheinen bei Marks seine Werke als Gesamtausgabe.
	»Celovek v futlare« (»Der Mensch im Futteral«), Erzählung.
	»Dama s sobackoj« (»Die Dame mit dem Hündchen«), Erzählung.

1900	Die Wahl in die St. Petersburger Akademie der Wissenschaften, Abteilung Literatur, folgt. Auslandsreisen nach Nizza und Norditalien auch in den nächsten Jahren. »Onkel Vanya«.
1901	Er heiratet die Schauspielerin Olga Knipper. »Drei Schwestern«.
1902	Er tritt aus der Akademie wieder aus, weil man Gorki ausschliesst.
1903	Er widmet sich vor allem der Arbeit am »Kirschgarten«.
1904	Er reist nach Badenweiler, wo er sich einer Kur unterziehen möchte.
	2. Juli: Dort stirbt er im »Hotel Sommer«. Er wird in Moskau beigesetzt.
	»V ovrage« (»In der Schlucht«), eine Erzählung, erscheint posthum.

Karl-Maria Guth (Hg.)

Dekadente Erzählungen

HOFENBERG

Karl-Maria Guth (Hg.)

Erzählungen aus dem
Sturm und Drang

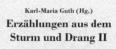

HOFENBERG

Karl-Maria Guth (Hg.)

Erzählungen aus dem
Sturm und Drang II

HOFENBERG

Dekadente Erzählungen

Im kulturellen Verfall des Fin de siècle wendet sich die Dekadenz ab von der Natur und dem realen Leben, hin zu raffinierten ästhetischen Empfindungen zwischen ausschweifender Lebenslust und fatalem Überdruss. Gegen Moral und Bürgertum frönt sie mit überfeinen Sinnen einem subtilen Schönheitskult, der die Kunst nichts anderem als ihr selbst verpflichtet sieht.

Rainer Maria Rilke Die Aufzeichnungen des Malte Laurids Brigge **Joris-Karl Huysmans** Gegen den Strich **Hermann Bahr** Die gute Schule **Hugo von Hofmannsthal** Das Märchen der 672. Nacht **Rainer Maria Rilke** Die Weise von Liebe und Tod des Cornets Christoph Rilke

ISBN 978-3-8430-1881-4, 412 Seiten, 29,80 €

Erzählungen aus dem Sturm und Drang

Zwischen 1765 und 1785 geht ein Ruck durch die deutsche Literatur. Sehr junge Autoren lehnen sich auf gegen den belehrenden Charakter der - die damalige Geisteskultur beherrschenden - Aufklärung. Mit Fantasie und Gemütskraft stürmen und drängen sie gegen die Moralvorstellungen des Feudalsystems, setzen Gefühl vor Verstand und fordern die Selbstständigkeit des Originalgenies.

Jakob Michael Reinhold Lenz Zerbin oder Die neuere Philosophie **Johann Karl Wezel** Silvans Bibliothek oder die gelehrten Abenteuer **Karl Philipp Moritz** Andreas Hartknopf. Eine Allegorie **Friedrich Schiller** Der Geisterseher **Johann Wolfgang Goethe** Die Leiden des jungen Werther **Friedrich Maximilian Klinger** Fausts Leben, Taten und Höllenfahrt

ISBN 978-3-8430-1882-1, 476 Seiten, 29,80 €

Erzählungen aus dem Sturm und Drang II

Johann Karl Wezel Kakerlak oder die Geschichte eines Rosenkreuzers **Gottfried August Bürger** Münchhausen **Friedrich Schiller** Der Verbrecher aus verlorener Ehre **Karl Philipp Moritz** Andreas Hartknopfs Predigerjahre **Jakob Michael Reinhold Lenz** Der Waldbruder **Friedrich Maximilian Klinger** Geschichte eines Teutschen der neusten Zeit

ISBN 978-3-8430-1883-8, 436 Seiten, 29,80 €

Lightning Source UK Ltd.
Milton Keynes UK
UKHW021858280620
365591UK00013BA/469